新世纪应用型高等教育
会计类课程规划教材

新世纪

财务会计综合模拟实训

CAIWU KUAIJI ZONGHE MONI SHIXUN

新世纪应用型高等教育教材编审委员会 组编
主 编 胡顺义
副主编 邵天营 颜 莉

大连理工大学出版社

图书在版编目(CIP)数据

财务会计综合模拟实训 / 胡顺义主编. — 大连 : 大连理工大学出版社，2011.12(2016.1 重印)
新世纪应用型高等教育会计类课程规划教材
ISBN 978-7-5611-6670-3

Ⅰ. ①财… Ⅱ. ①胡… Ⅲ. ①财务会计－高等学校－教材 Ⅳ. ①F234.4

中国版本图书馆 CIP 数据核字(2011)第 275499 号

大连理工大学出版社出版
地址:大连市软件园路 80 号　邮政编码:116023
电话:0411-84708842　邮购:0411-84708943　传真:0411-84701466
E-mail:dutp@dutp.cn　URL:http://www.dutp.cn
大连美跃彩色印刷有限公司印刷　　大连理工大学出版社发行

幅面尺寸:185mm×260mm　　印张:16.5　　字数:231 千字
印数:8001～10500
2011 年 12 月第 1 版　　2016 年 1 月第 4 次印刷

责任编辑:巩玉芳　　责任校对:白　雪
封面设计:张　莹

ISBN 978-7-5611-6670-3　　定　价:32.00 元

前　言

会计是经济管理的重要组成部分，是一门应用性较强的学科，强调理论与实际的结合。因此，会计教学必须重视学生动手能力的培养，以增强其分析、解决实际问题的能力，进而加深其对理论知识的理解。会计实训是深化会计教学改革必不可少的环节，是学生获取综合知识、提高专业技能的重要保证。我们本着培养应用型复合人才的宗旨，建设国家特色专业和湖北省会计品牌专业的需要，结合多年的教学与实践经验，编写了本教材。

本教材以最新的企业会计准则、税收法规为依据，精心设计了模拟实训公司的期初数据和本期经济业务。在此基础上，全面训练学生对经济业务确认、计量、报告诸环节的认知、理解与应用能力。本教材以企业的经济活动为脉络、以涵盖企业经济活动全过程的仿真模拟实训资料为依托，使学生熟悉手工会计循环的一系列业务，同时配合财务软件的电算化操作，可使学生掌握企业会计处理的基本流程，培养其对企业实际业务的账务处理能力，提高学生的专业技能和综合职业素养。

通过本教材的模拟实训，学生可以完成一系列会计工作，主要包括：开设账簿体系、期初数据过账；依据本期模拟业务填制与审核原始凭证，依据原始凭证编制记账凭证、审核记账凭证；编制科目汇总表；登记日记账、明细账、总账；期末调账；成本核算；试算平衡；对账与结账；纳税申报；编制财务报表；编制合并报表；财务决算。

与同类实训教材相比，本教材主要特色如下：

1. 强化了会计中税务业务的训练。本教材涉及增值税、城市维护建设税、教育费附加、地方教育附加、房产税、土地使用税、车船税、印花税、企业所得税、个人所得税等税种，可使学生熟悉各税种的纳税申报、所得税预缴和汇算清缴等工作。

2. 增加了合并报表的编制。本教材增加了调整分录、抵消分录以及四大合并报表的编制等内容，涉及业务面较广。

3.丰富了职工薪酬的核算。本教材涉及工资、奖金、职工福利费、医疗保险、养老保险、失业保险、住房公积金、工会经费和职工教育经费的核算,以及个人所得税的代扣代缴工作。

4.涵盖了成本会计业务。本教材的实训企业属于多步骤、复杂的大批量生产企业,运用逐步分项结转分步法,企业设两个基本生产车间和一个辅助生产车间,原材料采用计划成本法核算,产成品采用实际成本法核算,计算工作量不大。

5.兼顾了会计课堂教学内容。本教材设计了交易性金融资产、可供出售金融资产、持有至到期投资、现金折扣、销售折让、所得税会计、日后事项、会计差错更正、长期股权投资成本法和权益法的核算,便于学生巩固课堂教学内容。

本教材既可作为会计专业实验教材,也可供在职会计人员参考使用。

本教材由湖北经济学院胡顺义任主编,邵天营、颜莉任副主编,参加编写的还有李家和、朱继军、易烨、姚和平、李海洋、付强、陈国英。

尽管我们在教材的特色建设方面做出了许多努力,但由于编者的经验和水平有限,加之编写时间仓促,所以书中难免存在疏漏之处。恳请各相关教学单位和读者在使用过程中给予关注并提出改进意见,以便我们进一步修订和完善。

本教材在编写过程中,承蒙湖北经济学院李长爱教授、周新玲教授精心审阅,并提出宝贵意见,谨此表示衷心感谢。

所有意见和建议请发往:dutpbk@163.com
欢迎访问我们的网站:http://www.dutpbook.com
联系电话:0411-84707492　84706104

编　者
2011年12月

目　录

第一章

公司概况及生产特点

一、公司概况

湖北楚天机械有限责任公司，经当地市工商行政管理局东湖分局批准，于2007年1月5日成立。拥有一个子公司（长江机械有限责任公司），一个合营企业（汉江机械有限责任公司）。公司执行2006年颁布的《企业会计准则》，属于增值税一般纳税人。

企业名称：湖北楚天机械有限责任公司

地址：武汉市武汉大道128号

联系电话：027-88581678；027-88581679；027-88581680

邮编：430068

企业类型：有限责任公司

法定代表：王海

注册资本：2 800万元

注册日期：2007年1月5日

经营范围：加工制造

纳税人识别号：420044444466666

开户行账号：工商银行东湖支行（基本户）128333333388888

开户行账号：建设银行南湖支行（一般户）126333333378788

企业财务部有4个人。财务主管王芳，负责审核业务、调度资金，进行财务分析，制定财务计划，参与企业经营决策，负责财务部的全面工作。总账会计张涵，负责编制销售、债权债务、结算损益及利润分配等业务的记账凭证，登记有关明细账，计算各项税费及纳税申报，编制科目汇总表，登记总账，编制对外报送的会计报表。成本会计陈华，负责编制费用发生、分配及成本结转等业务的记账凭证，填写各种费用分配表和产品成本计算表，登记有关成本费用明细账，编制材料采购、入库、领用业务的记账凭证，计算及分摊材料成本差异，登记材料有关明细账，编制固定资产购建、折旧、清理、清查等业务的记账凭证。出纳刘英，负责办理资金的收付业务，负责登记现金、银行存款日记账，编制现金及银行存款日报表。

二、生产特点

本企业属于多步骤复杂的大批量生产企业,设有材料和成品两个仓库,一车间生产完工后直接转入二车间继续加工,二车间生产完工后转入成品仓库。企业运用逐步结转分步法,按实际成本分项结转,将各生产步骤所耗上一步骤的半成品成本,按其成本项目分别记入各生产步骤产品生产成本计算单相同的成本项目内,以计算按成本项目反映的各步骤产品的生产成本。

企业车间设两个基本生产车间和一个辅助生产车间(机修),生产丙、丁两种产品。企业现有职工 200 人。一车间 92 人,其中高管 2 人,54 人生产半成品甲,36 人生产半成品乙;二车间 62 人,其中高管 2 人,33 人生产丙产品,27 人生产丁产品;机修车间 10 人;管理部门 24 人,其中高管 4 人;销售部门 12 人,其中高管 2 人。

第二章

实训公司财务会计制度的有关规定与说明

一、货币资金、应收款项和存货

（一）货币资金

1. 现金日记账。现金日记账由出纳人员根据审核后的现金收、付款凭证，逐日逐笔按顺序登记。

2. 银行存款日记账。公司应根据开户单位分别设置银行存款日记账，证券买卖应在证券公司开户，单独设银行存款日记账。为简化起见，本章涉及的有关证券买卖的业务均通过工商银行结算账户结算。

3. 银行结算凭证。通过银行结算的各种收付业务，凡属应由本单位填制的各种结算凭证，如托收承付收款凭证、进账单、付款支票、汇款单、应付的商业汇票、申请的银行汇票、向银行申请借款的单据、办理还款的单据等，均应按银行规定的填制方法，先填制，然后将存根联留作记账凭证附件。

（二）应收款项

1. 应收账款。对公司的坏账损失，采用备抵法核算。对于单项金额重大的应收款项，于资产负债表日单独进行减值测试。有客观证据表明其发生了减值的，根据其未来现金流量现值低于其账面价值的差额，确认减值损失，计提坏账准备。采用账龄分析法估计坏账损失，公司根据债务单位的实际财务状况、现金流量等确定坏账准备的计提比例。

2. 应收票据。应收票据主要包括银行承兑汇票和商业承兑汇票。公司应当设置“应收票据备查簿”，逐笔登记商业汇票的种类、号码、出票日、出票单位、票面金额、付款人、承兑人、到期日、收款日、收回金额、退票情况等资料。

（三）存货

存货包括原材料、在成品、产成品、周转材料等。存货采用永续盘存制，公司对存货作定期盘点。资产负债表日存货按照成本与可变现净值孰低法计量。

1. 原材料、周转材料采用计划成本法核算，低值易耗品领用时采用一次摊销法核算。原材料和周转材料月末根据出库单编制的材料发出汇总表结转。

2. 材料采购采用三栏式账页和横线登记法，按不同科目设明细账，每月更换一次账页。月末在途材料，转入下月新开账页时，应逐笔结转。收料单一式四联，第一联为存根联,由仓库留存;第二联为记账联,作为核算材料收、发、存的原始凭证;第三联为付款联,交财务部门作为采购材料入库、编制转账凭证的原始凭证;第四联为备查联,由采购人员留存。

3. 材料成本差异分别按原材料、周转材料设明细账,采用多栏式账页,结转收发材料成本差异时,同时登记收发材料的计划成本,以便计算材料成本差异。材料成本差异采取一次性结转的方式。根据本月领料单、退料单编制"原材料耗用汇总表"和"低值易耗品耗用汇总表",发出材料的材料成本差异按月末计算的材料成本差异率计算结转。

4. 产成品按实际成本计价,产成品发出采用先进先出法。产成品入库根据产品成本计算单结转。对外销售产品,月末根据产成品发出汇总表结转。

二、固定资产、无形资产和对外投资

(一)固定资产

实训公司的固定资产采用年限平均法按月计提折旧。固定资产的折旧率按固定资产原值、预计净残值和折旧年限计算确定。折旧方法和折旧年限一经确定,不得随意变更。公司应当至少于每年年度终了时,对固定资产的使用寿命、预计净残值和折旧方法进行复核。使用寿命预计数与原先估计数有差异的,应当调整固定资产折旧年限。预计净残值与原先估计数有差异的,应当调整预计净残值。固定资产包含的经济利益预期实现方式有重大改变的,应当改变固定资产折旧方法。固定资产使用寿命、预计净残值和折旧方法的改变应当作为会计估计变更处理。固定资产应当按月计提折旧,并根据用途计入相关资产的成本或者当期损益。公司当月增加的固定资产,当月不计提折旧,从下月起计提折旧;当月减少的固定资产,当月仍计提折旧,从下月起不计提折旧。固定资产提足折旧后,不论能否继续使用,均不再提取折旧;提前报废的固定资产,也不再补提折旧。

"固定资产"账户按使用部门设一车间、二车间、辅助生产车间、管理部门和销售部门五个明细账。为了便于计算折旧,对报废、出售及盘亏的固定资产,公司提供有关固定资产核算卡片。"累计折旧"账户不设明细账,在总分类账中提供编制现金流量表所需的有关资料。

生产车间固定资产的修理费用比较均衡,企业尚未执行"生产车间(部门)和行政管理部门发生的固定资产修理费用等后续支出,在'管理费用'科目中核算"的规定。

(二)无形资产

实训公司摊销无形资产,应当自无形资产可供使用时起,至不再作为无形资产确认时止。使用寿命有限的无形资产,应当自取得当月起在预计使用年限内分期平均摊销,公司当月增加的无形资产,当月开始摊销;当月减少的无形资产,当月不再摊销。使用寿命不确定的无形资产不应摊销。公司取得的土地使用权,作为无形资产核算,并按规定摊销。自行开发建造的厂房等建筑物,相关的土地使用权与地上建筑物应当分别进行摊销和提取折旧。

(三)对外投资

1. 金融资产在初始确认时划分为四类:以公允价值计量且其变动计入当期损益的金融资产,包括交易性金融资产和指定为以公允价值计量且其变动计入当期损益的金融资产;持有至到期投资;贷款和应收款项;可供出售金融资产。以公允价值计量且其变动计入当期损益的金融资产公允价值变动形成的利得或损失,应当计入当期损益。持有至到期投资以及贷款和应收款项,应当采用实际利率法,按摊余成本计量。可供出售金融资产公允价值变动形成的利得或损失,除减值损失和外币货币性金融资产形成的汇兑差额外,应当直接计入所有者权益,在该金融资产终止确认时转出,计入当期损益。

交易性金融资产,按交易性金融资产的类别和品种,设"成本"、"公允价值变动"等明细科目进行明细核算。可供出售金融资产,按可供出售金融资产的类别和品种,设"成本"、"利息调整"、"应计利息"、"公允价值变动"等明细科目进行明细核算。持有至到期投资,按持有至到期投资的类别和品种,设"成本"、"利息调整"、"应计利息"等明细科目进行明细核算。持有至到期投资的利息调整采用实际利率法摊销,相关计算公式如下:

实际利息收入=期初摊余成本×实际利率

应收利息=债券面值×票面利率

溢价摊销额=债券面值×票面利率-期初摊余成本×实际利率

折价摊销额=期初摊余成本×实际利率-债券面值×票面利率

2.长期股权投资根据不同情况分别采用成本法或权益法核算。实训公司对被投资单位具有共同控制或重大影响的长期股权投资,采用权益法核算;公司能够对被投资单位实施控制的长期股权投资或对被投资单位不具有共同控制或重大影响,并且在活跃市场中没有报价、公允价值不能可靠计量的长期股权投资,采用成本法核算。公司对子公司的长期股权投资采用成本法核算,编制合并财务报表时按照权益法进行调整。

三、负债

实训公司的负债包括短期借款、应付票据、应付账款、应付职工薪酬、应交税费、应付利息、应付股利、其他应付款、长期借款、应付债券等。各项负债按实际发生额计价。

(一)短期借款

实训公司的短期借款只有流动资金担保借款。借款利息按月计提,到期支付。

(二)应付票据

应付票据,按银行承兑汇票和商业承兑汇票分别设置明细账户,按每次付款对象逐笔登记。签发并承兑商业汇票时,应按银行规定填写汇票,将第 4 联存根联留存记账,办理银行承兑汇票时应签订银行承兑协议。

(三)应付账款

应付账款按结算对象开户,凡涉及用汇款方式还款的,应按银行规定填制汇款凭证。

(四)应付职工薪酬

应付职工薪酬是指公司根据有关规定应付给职工的各种薪酬。职工薪酬包括:职工工资、奖金、津贴和补贴;职工福利费;医疗保险费、养老保险费、失业保险费、工伤保险费和生育保险费等社会保险费;住房公积金;工会经费和职工教育经费;非货币性福利;因解除与职工的劳动关系而给予的补偿;其他与获得职工提供的服务相关的支出。计量应付职工薪酬时,国家规定了计提基础和计提比例的,应当按照国家规定的标准计提。没有规定计提基础和计提比例的,公司应当根据规定合理预计当期的应付职工薪酬。当期实际发生金额大于预计金额的，应当补提应付职工薪酬；当期实际发生金额小于预计金额的，应当冲回多提的应付职工薪酬。对返还的经费工会必须单独设置会计账簿，不能与单位账务混合计算。

实训公司应付职工薪酬的有关计算如下：

(1)职工工资：普通员工按平均工资 3 000 元计算，高管按平均工资 8 000 元计算，工资总额＝190×3 000＋10×8 000＝650 000(元)

(2)“三险一金”个人缴纳比例：

“三险”个人缴纳比例＝养老保险(8%)＋医疗保险(2%)＋失业保险(1%)＝11%

住房公积金个人缴纳比例＝12%

(3)“三险一金”单位缴纳比例：

“三险”单位缴纳比例＝养老保险(21%)＋医疗保险(9%)＋失业保险(2%)＝32%

住房公积金单位缴纳比例＝12%

普通员工的缴费基数按平均每人 2 000 元计算，企业为每人负担“三险一金”880 元[2 000×(32%＋12%)]，员工个人自已负担 460 元[2 000×(11%＋12%)]。单位有 10 个高级管理人员(一车间 2 个，二车间 2 个，管理部门 4 个，销售部门 2 个)，缴费基数按平均每人 5 000 元计算，企业为每位高管负担的“三险一金”为 2 200 元[5 000×(32%＋12%)]，每位高管个人自已负担 1 150 元[5 000×(11%＋12%)]。

企业负担的社会保险费和住房公积金共 189 200 元[430 000×(32%＋12%)]，个人负担的社会保险费和住房公积金共 98 900 元[430 000×(11%＋12%)]。

每人每月午餐补贴 220 元(10×22)，职工福利费共 44 000 元。工资合计 650 000 元，按工资的 2%计提工会经费 13 000 元。按工资的 1.5%计提职工教育经费 9 750 元。

(五)应交税费

实训公司设应交增值税、应交城市维护建设税、应交教育附加、应交地方教育费附加、应交房产税、应交土地使用税、应交车船税和应交企业所得税等明细账。公司代扣代缴职工的个人所得税。

1.增值税：增值税是对销售货物或者提供加工、修理修配劳务以及进口货物的单位和个人就其实现的增值额征收的一种税。按企业经营规模大小以及会计核算是否健全，增值税纳税人可划分为一般纳税人和小规模纳税人。增值税基本税率为 17%，其计算公式为：

应纳税额＝销项税额－进项税额

不含税销售额＝含税销售额÷(1＋增值税税率)

销项税额＝不含税销售额×增值税税率

2.城市维护建设税：城市维护建设税的计税依据为纳税人实际缴纳的增值税、消费税、营业税税额，税率按纳税人所在地分别规定为：市区 7%，县城和镇 5%，乡村 1%。大中型工矿企业所在地不在城市市区、县城、建制镇的，税率为 5%。其计算公式为：

应纳税额＝(增值税＋消费税＋营业税)×适用税率

3.教育费附加：教育费附加的征收依据是纳税人实际缴纳的增值税、消费税、营业税税额，附加率为 3%。其计算公式为：

应交教育费附加=(增值税+消费税+营业税)×附加率

4.地方教育附加:地方教育附加的征收依据是纳税人实际缴纳的增值税、消费税、营业税税额,附加率为2%。其计算公式为:

应交地方教育附加=(增值税+消费税+营业税)×附加率

5.房产税:房产税是按照房产原值或租金收入征收的一种税。从价计征的按房产原值一次性减除10%~30%后的余值计算,税率为1.2%,年应纳税额=房产原值×(1-30%)×1.2%;从租计征的,以租金收入为计税依据,税率为12%,年应纳税额=租金收入×12%。房产税按年度计征,分季度或半年度缴纳,具体缴纳日期由县(市)税务机关确定。

6.车船税:车船税属于地方税,由地方税务机关负责征收管理。从事机动车交通事故责任强制保险业务的保险机构为车船税的扣缴义务人,在销售机动车交通事故责任强制保险时代收代缴车船税,并及时向国库解缴税款。车船税按年度申报缴纳,具体纳税申报期限由省、自治区、直辖市人民政府确定。

7.土地使用税:土地使用税是以实际占用的土地面积为计税依据,按规定税额征收的一种税。

年应纳税额=∑(各级土地面积×相应税额)

土地使用税按年度计算、分期缴纳。缴纳期限由省、自治区、直辖市人民政府确定。

8.印花税:印花税分为从价计税和从量计税两种纳税方式。

应纳税额=计税金额×税率

或

应纳税额=凭证数量×单位税额

对工业、商业、物资、外贸等部门使用的凭证,凡属于明确双方供需关系,据以供货和结算,具有合同性质的凭证,要素虽不完全但明确了双方主要权利、义务,就应按规定贴花。为简化贴花手续,对应纳税额较大或者贴花次数频繁的,纳税人可采取以缴款书代替贴花或者按期汇总缴纳的办法,实务中企业采用汇缴方式的可以通过“应交税费”账户核算。

对符合核定征收条件的纳税人,由主管地方税务机关依据纳税人当期实际销售(营业)收入、采购金额或成本等项目及确定的核定征税比例,计算征收印花税。现行证券交易印花税为单边征收,即只对卖出方征收,税率为1‰。印花税票由国家税务总局监制。印花税票的票面金额以人民币为单位,分为壹角、贰角、伍角、壹元、贰元、伍元、拾元、伍拾元、壹佰元九种。

9.企业所得税:企业所得税是对我国内资企业和经营单位的生产经营所得和其他所得征收的一种税。企业所得税应纳税额的计算公式为:

应纳税额=应纳税所得额×适用税率-减免税额-抵免税额

10.个人所得税:实训公司按最新修改的《中华人民共和国个人所得税法实施条例》计缴个人所得税。工资、薪金所得的扣除标准为3 500元/月,相关计算公式为:

应纳税所得额=月工资收入-三险一金-扣除标准

应纳税额= 应纳税所得额×适用税率-速算扣除数

全年一次性奖金是指行政机关、企事业单位等扣缴义务人根据其全年经济效益和对雇员全年工作业绩的综合考核情况，向雇员发放的一次性奖金，包括年终加薪、实行年薪制和绩效工资办法的单位根据考核情况兑现的年薪和绩效工资。纳税人取得全年一次性奖金，单独作为一个月工资、薪金所得计算纳税，并按以下计税办法，由扣缴义务人于发放时代扣代缴：

如果雇员当月工资薪金所得高于(或等于)税法规定的费用扣除额的，先将雇员当月内取得的全年一次性奖金，除以12个月，按其商数确定适用税率和速算扣除数。适用公式为：

应纳税额＝雇员当月取得全年一次性奖金×适用税率－速算扣除数

如果在发放年终一次性奖金的当月，雇员当月工资薪金所得低于税法规定的费用扣除额，应将全年一次性奖金减除“雇员当月工资薪金所得与费用扣除额的差额”后的余额，按上述办法确定全年一次性奖金的适用税率和速算扣除数。

应纳税额＝(雇员当月取得的全年一次性奖金－雇员当月工资薪金所得与费用扣除额的差额)×适用税率－速算扣除数

在实训公司的200名员工中，160名员工的年终奖为每人500元，40名员工的年终奖为每人1 000元，共计12万元。假定本公司的个人所得税全年执行起征点3 500元和七级超额累进税率的新规定，相关的个人所得税的计算如下：

(1)10名高管年终奖(每人1 000元)应交个人所得税

应交个人所得税＝1 000×3%×10＝30×10＝300(元)

(2)10名高管本月工资应交个人所得税

每名高管人员月工资为8 000元，扣除个人负担的“三险一金”1 150元和起征点3 500元后的余额3 350元为每个高管个人所得税的计税基础，3 350元对应七级超额累进税率的个人所得税税率为10%，速算扣除数为105元，则10名高管应交个人所得税为：

应交个人所得税＝(3 350×10%－105)×10＝230×10＝2 300(元)

(3)30名年终奖达到1 000元的普通员工年终奖应交个人所得税

年终奖达到1 000元的普通员工月工资为每人3 000元，个人负担的“三险一金”为460元，则每名年终奖达到1 000元的普通员工个人所得税的计税基础为：

计税基础＝1 000－[3 500－(3 000－460)]＝40(元)

30名年终奖达到1 000元的普通员工年终奖应交个人所得税为：

应交个人所得税＝40×3%×30＝36(元)

因此，实训公司年末应交的个人所得税为

年末应交个人所得税总额＝300＋2 300＋36＝2 636(元)

(六)长期借款和应付债券

长期借款分期付息，到期还本，按月计提利息。应付债券是溢价或折价发行的，按实际利率法在存续期内进行摊销。

四、所有者权益

所有者权益是指公司资产扣除负债后由所有者享有的剩余权益。公司的所有者权益又称股东权益，包括实收资本(或股本)、资本公积、盈余公积、未分配利润等。

(一)实收资本，实训公司为有限责任公司，股东明细账账面所列资本为实收资本。

(二)资本公积，公司的资本公积包括：资本溢价，是指投资者投入的资金超过其在注册资本中所占份额的部分；其他资本公积，是指除资本溢价以外所形成的资本公积。

(三)盈余公积，实训公司设法定盈余公积和任意盈余公积两个明细账。

五、成本

(一)本实训公司属于多步骤复杂的大批量生产企业，成本按月计算。辅助生产只有一个机修车间，生产成本分为基本生产成本和辅助生产成本两个明细科目。基本生产成本按产品名称作为成本计算对象设户核算。辅助生产成本只设一个明细账。制造费用设一车间制造费用和二车间制造费用两个明细账。为简化核算，辅助生产车间不设制造费用明细账。

(二)产品成本分为直接材料、直接人工和制造费用三个成本项目。直接材料包括生产经营过程中实际耗用的原材料、辅助材料、备品配件、外购半成品、燃料、动力、包装物以及其他直接材料。直接人工包括直接从事产品生产人员的工资、奖金、津贴、补贴和福利费等。制造费用包括公司各个生产单位为组织和管理生产所发生的生产单位管理人员工资、福利费，生产单位房屋建筑物、机器设备等的折旧费，水电费，办公费，差旅费，运输费，保险费，设计制图费，试验检验费，季节性修理期间的停工损失以及其他制造费用。生产成本应当按照生产车间和成本核算对象设置明细账，并按照规定的成本项目设置专栏。材料费用按用途分配，人工费用按实际工时分配，辅助生产成本按修理工时分配给各受益对象。基本生产车间制造费用按工资比例分配。完工产品与在产品的成本采用约当产量法分配。产品成本计算采用逐步分项结转分步法。

六、收入、费用和利润

(一)同时满足以下条件，才能确认为收入：企业已将商品所有权上的主要风险和报酬转移给购货方；企业既没有保留通常与所有权相联系的继续管理权，也没有对已售出的商品实施控制；收入的金额能够可靠地计量；相关的经济利益很可能流入企业；相关的已发生或将发生的成本能够可靠地计量。

公司发生的销售退回、折让或折扣，冲减销售收入，产品销售按产品品名设明细账。

采用先进先出法确定已销商品的成本，月末一次结转已销产品的生产成本。

(二)期间费用，包括管理费用、销售费用、财务费用。为简化核算节约实习成本，除财务费用设置利息支出和其他费用两个明细账外，管理费用和销售费用均不分设明细账。

(三)投资收益，包括长期股权投资的投资收益和金融资产的投资收益。本例本科目设股权投资和金融资产两个明细科目。

(四)营业税金及附加，是指公司经营活动发生的营业税、城市维护建设税和教育费附加等相关税费。由于增值税是价外税，不通过本科目核算，本例本科目只核算城市维护建设税及教育费附加，可不分设明细账。

(五)公允价值变动损益，指公司交易性金融资产公允价值变动形成的应计入当期损益的利得或损失。

（六）资产减值损失，指公司根据资产减值准则计提各项资产减值准备所形成的损失。

（七）营业外支出，是指与本公司日常活动无直接关系的各项损失，包括非流动资产处置损失、非货币性资产交换损失、债务重组损失、公益性捐赠支出、非常损失、盘亏损失、违约和赔偿支出、滞纳金、罚款支出等。本例的“营业外支出”账户设固定资产盘亏损失、非常损失、赔偿金、违约金及处理固定资产净损失等明细账。

（八）营业外收入，是指与本公司日常活动无直接关系的各项利得。如非流动资产处置利得、非货币性资产交换利得、债务重组利得、政府补助、捐赠利得、罚没利得、确实无法支付的应付款项等。营业外收入根据内容设有处理固定资产净收益、罚款净收入两个明细账户。

（九）所得税费用。所得税费用采用资产负债表债务法核算。公司在取得资产、负债时，应当按税法规定确定其计税基础。资产、负债的账面价值与其计税基础存在差异的，应当按照规定确认所产生的递延所得税资产或递延所得税负债。

（十）损益类账户是动态账户，记录的是本期发生额，月末损益类账户全部余额转入“本年利润”账户，以计算本月实现的利润额。

“本年利润”属于所有者权益账户，每月结转收入、成本费用后，根据税法规定，计算应预缴的所得税。平时“本年利润”账户有余额，年末将全年实现的净利润，转入“利润分配”账户从而结平此账户。

利润是指公司在一定会计期间的经营成果。利润包括收入减去费用后的净额、直接计入当期利润的利得和损失等。公司发生的年度亏损，可用下一年度的税前利润弥补。下一年度税前利润不足弥补的，可以逐年延续弥补。延续弥补期超过法定税前弥补期限的，用缴纳所得税后的利润弥补。

（十一）利润分配，反映企业的利润分配情况及未分配利润的结余额。本企业无盈余公积补亏，因此该账户本年只设提取法定盈余公积、任意盈余公积、分配投资者利润和未分配利润四个明细账户。缴纳所得税后的利润，除国家另有规定外，按照下列顺序分配：弥补公司以前年度亏损；提取法定盈余公积金，法定盈余公积金按照本年实现净利润的10%提取，法定盈余公积金累计达到注册资本的50%时，可不再提取；提取任意盈余公积金；向投资者分配利润。公司以前年度未分配的利润，并入本年实现的净利润向投资者分配。企业按年计算提取盈余公积。12月份进行利润分配后，全年利润分配完毕，将提取盈余公积、分配投资者后利润的余额全部转入“未分配利润”明细账户，以结算本年未分配利润的结余额。

（十二）公司应当采用追溯重述法更正重要的前期差错。确定前期差错影响数不切实可行的，可以从可追溯重述的最早期间开始调整留存收益的期初余额，财务报表其他相关项目的期初余额也应当一并调整，对确实无法确定差错影响数的，也可以采用未来适用法。公司应当在重要的前期差错发现当期的财务报表中，调整前期比较数据。资产负债表日后事项包括资产负债表日后调整事项和资产负债表日后非调整事项。资产负债表日后，企业利润分配方案中拟分配的以及经审议批准宣告发放的股利或利润，不确认为资产负债表日的负债，但应当在附注中单独披露。

（十三）合并财务报表的合并范围应当以控制为基础予以确定。母公司直接或通过子公司间接拥有被投资单位半数以上的表决权，表明母公司能够控制被投资单位，应当将该被投资单位认定为子公司，纳入合并财务报表的合并范围。

（十四）公司对外提供的财务报表包括下列组成部分：资产负债表；利润表；现金流量表；所有者权益变动表；附注。月度财务报告应当于月度终了后第10个工作日对外提供；季度财务会计报告应当于季度终了后30个工作日内对外提供；半年度财务会计报告应当于年度中期结束后60天内对外提供；年度财务会计报告应当于年度终了后4个月内对外提供。

第三章

实验资料

一、账户期初余额

(一)2011 年 12 月期初科目余额表

单位:万元

总账科目	明细科目	借方余额	贷方余额
库存现金		1	
银行存款		109.178 9	
	工行	104.178 9	
	建行	5	
交易性金融资产		53	
	成本	50	
	公允价值变动	3	
应收票据		531.442 1	
	东方公司	200	
	南方公司	279.962 1	
	北方公司	51.48	
应收账款		1 420	
	中南公司	339.3	
	西北公司	16.838 64	
	西南公司	585	
	东北公司	478.861 36	
坏账准备			20
其他应收款	备用金	8	
原材料(5 个)	A、B、C、D、E	65.08	
周转材料(3 个)	劳保、工具、包装物	2.65	

（续表）

总账科目	明细科目	借方余额	贷方余额
材料成本差异		1.955 6	
	材料	1.826 6	
	周转材料	0.129	
生产成本(4个)	甲、乙、丙、丁	187.734 4	
库存商品(2个)	丙、丁	106.192 8	
持有至到期投资		48.05	
	本金	55	
	利息调整		6.95
长期股权投资		566	
	汉江公司(合营)	166	
	长江公司(子公司)	400	
固定资产		4 538.4	
累计折旧			1 472.63
在建工程		244.5	
无形资产		384	
累计摊销			47.2
递延所得税资产		5	
短期借款			100
应付票据			212.362 8
	华东公司		177.162 8
	华南公司		35.2
应付账款			300
	长江公司(子公司)		150
	华北公司		145.32
	华中公司		4.68
应付职工薪酬			83.92
	工资		65
	社会保险费		13.76
	住房公积金		5.16
应交税费			43.121
	未交增值税		30.11
	应交城建税和教育费附加		3.011
	应交企业所得税		10
应付利息			65
	短期借款		2.5
	长期借款		62.5

（续表）

总账科目	明细科目	借方余额	贷方余额
长期借款			2 000
实收资本			2 800
资本公积	资本溢价		200
盈余公积			190
本年利润			377.95
利润分配	未分配利润		360
合计		82 721 838	82 721 838

(二)2011年12月期初存货资料

1.原材料

金额单位:元

材料——A(生产甲)	计划单位成本750	300件	225 000
材料——B(生产乙)	计划单位成本700	200件	140 000
材料——C(生产丙、丁)	计划单位成本490	500件	245 000
材料——D(生产丙)	计划单位成本100	300件	30 000
材料——E(修理配件)	计划单位成本40	270个	10 800
实际成本	成本差异	计划成本小计	650 800
669 066	超支18 266		

2.周转材料

金额单位:元

周转材料——劳保用品		计划单位成本100		150套	15 000
周转材料——工具		计划单位成本50		110个	5 500
周转材料——包装箱		计划单位成本30		200个	6 000
实际成本	27 790	成本差异	超支1 290	计划成本小计	26 500

3.在产品

金额单位:万元

名　称	数　量	直接材料	直接人工	制造费用	合计金额
甲	400	30.067 0	7.043 0	6.330 0	43.440 0
乙	300	19.340 0	3.037 0	2.625 0	25.002 0
丙	400	58.338 4	16.573 5	12.835 8	87.747 7
丁	200	26.748 0	2.476 5	2.320 2	31.544 7
金额小计					187.734 4

4. 产成品

金额单位：万元

名　称	数　量	单位成本	总成本
丙	300	0.238 2	71.460 0
丁	201	0.172 8	34.732 8
金额小计			106.192 8
期初存货(66.906 6 +2.779 0+187.734 4+106.192 8=363.612 8)			363.612 8

(三)增值税资料

<table>
<tr><td rowspan="6">税法相关规定</td><td>1. 增值税的纳税期限分别为 1 日、3 日、5 日、10 日、15 日、1 个月或者 1 个季度。纳税人的具体纳税期限，由主管税务机关根据纳税人应纳税额的大小分别核定；不能按照固定期限纳税的，可以按次纳税。纳税人以 1 个月或者 1 个季度为 1 个纳税期的，自期满之日起 15 日内申报纳税；以 1 日、3 日、5 日、10 日或者 15 日为 1 个纳税期的，自期满之日起 5 日内预缴税款，于次月 1 日起 15 日内申报纳税并结清上月应纳税款。</td></tr>
<tr><td>2. 增值税一般纳税人取得 2010 年 1 月 1 日以后开具的增值税专用发票、公路内河货物运输业统一发票和机动车销售统一发票，应在开具之日起 180 日内到税务机关办理认证，并在认证通过的次月申报期内，向主管税务机关申报抵扣进项税额。增值税一般纳税人取得 2010 年 1 月 1 日以后开具的增值税专用发票未在规定期限内到税务机关办理认证的，不得作为合法的增值税扣税凭证，不得计算进项税额抵扣。</td></tr>
<tr><td>3. 纳税人购进货物或者应税劳务，取得的增值税扣税凭证不符合法律、行政法规或者国务院税务主管部门有关规定的，其进项税额不得从销项税额中抵扣。下列项目的进项税额不得从销项税额中抵扣：
(1)用于非增值税应税项目、免征增值税项目、集体福利或者个人消费的购进货物或者应税劳务；
(2)非正常损失的购进货物及相关的应税劳务；
(3)非正常损失的在产品、产成品所耗用的购进货物或者应税劳务；
(4)国务院财政、税务主管部门规定的纳税人自用消费品，包括摩托车、汽车、游艇。
(5)本条第(1)项至第(4)项规定的货物的运输费用和销售免税货物的运输费用。
其中，非正常损失是指因管理不善造成被盗、丢失、霉烂变质的损失。</td></tr>
<tr><td>4. 下列进项税额准予从销项税额中抵扣：
(1)从销售方取得的增值税专用发票上注明的增值税额。
(2)从海关取得的海关进口增值税专用缴款书上注明的增值税额。
(3)购进农产品，除取得增值税专用发票或者海关进口增值税专用缴款书外，按照农产品收购发票或者销售发票上注明的农产品买价和 13％的扣除率计算的进项税额。
(4)购进或者销售货物以及在生产经营过程中支付运输费用的，按照运输费用结算单据上注明的运输费用金额和 7％的扣除率计算的进项税额。</td></tr>
<tr><td>5. 单位或者个体工商户的下列行为，视同销售货物：
(1)将货物交付其他单位或者个人代销；
(2)销售代销货物；
(3)设有两个以上机构并实行统一核算的纳税人，将货物从一个机构移送其他机构用于销售，但相关机构设在同一县(市)的除外；
(4)将自产或者委托加工的货物用于非增值税应税项目；
(5)将自产、委托加工的货物用于集体福利或者个人消费；
(6)将自产、委托加工或者购进的货物作为投资，提供给其他单位或者个体工商户；
(7)将自产、委托加工或者购进的货物分配给股东或者投资者；
(8)将自产、委托加工或者购进的货物无偿赠送其他单位或者个人。</td></tr>
<tr><td>6. 小规模纳税人开的普通发票，税点是 3％，发票上的金额是价税合计，不能抵扣。税务机关给小规模纳税人代开的发票是价税分开的，可以抵扣。一般纳税人开的普通发票，税点是 17％，不能抵扣，一般纳税人开的增值税专用发票，税点是 17％，可以抵扣。</td></tr>
<tr><td rowspan="2">会计规定</td><td>1. 企业应交的增值税，在“应交税费”科目下设置“应交增值税”、“未交增值税”明细科目。“应交税费——应交增值税”科目分别设置“进项税额”、“已交税金”、“销项税额”、“出口退税”、“进项税额转出”、“转出未交增值税”、“转出多交增值税”、“减免税款”、“出口抵减内销产品应纳税额”等专栏。“应交增值税”科目的借方发生额，反映企业购进货物或接受应税劳务支付的进项税额、实际已缴纳的增值税等；贷方发生额，反映销售货物或提供应税劳务应缴纳的增值税额、出口货物退税、转出已支付或应分担的增值税等；期末借方余额，反映企业尚未抵扣的增值税。</td></tr>
<tr><td>2. 月末多交增值税或未交增值税转到“应交税费——未交增值税”。上缴本期增值税时用“应交税费——应交增值税(已交税金)”科目，上缴以前增值税时用“应交税费——未交增值税”科目。</td></tr>
</table>

（四）所得额的计算

纳税所得	收入总额减除不征税收入、免税收入、各项扣除以及允许弥补的以前年度亏损后的余额，为应纳税所得额。应纳税额＝应纳税所得额×适用税率－减免税额－抵免税额。亏损，是指每一纳税年度的收入总额减除不征税收入、免税收入和各项扣除后小于零的数额。
总体情况	企业实际发生的与取得收入有关的、合理的支出，包括成本、费用、税金、损失和其他支出，准予在计算应纳税所得额时扣除。在计算应纳税所得额时，企业财务、会计处理办法与税收法律、行政法规的规定不一致的，应当依照税收法律、行政法规的规定计算。
具体标准	1.企业发生的职工福利费支出，不超过工资薪金总额14%的部分，准予扣除。2.企业拨缴的工会经费，不超过工资薪金总额2%的部分，准予扣除。3.企业发生的职工教育经费支出，不超过工资薪金总额2.5%的部分，准予扣除；超过部分，准予在以后纳税年度结转扣除。4.企业发生的与生产经营活动有关的业务招待费支出，按照发生额的60%扣除，但最高不得超过当年销售（营业）收入的5‰。5.企业发生的符合条件的广告费和业务宣传费支出，除国务院财政、税务主管部门另有规定外，不超过当年销售（营业）收入15%的部分，准予扣除；超过部分，准予在以后纳税年度结转扣除。6.企业发生的公益性捐赠支出，在年度利润总额12%以内的部分，准予在计算应纳税所得额时扣除。
不得扣除	计算应纳税所得额时，下列支出不得扣除：向投资者支付的股息、红利等权益性投资收益款项；企业所得税税款；税收滞纳金；罚金、罚款和被没收财物的损失；《中华人民共和国企业所得税法》第九条规定以外的捐赠支出；赞助支出；未经核定的准备金支出；与取得收入无关的其他支出。

（五）所得税其他资料

资产损失税前扣除	企业资产损失包括货币资产损失、非货币资产损失以及投资损失。准予在企业所得税税前扣除的资产损失包括实际资产损失和法定资产损失。企业实际资产损失，应当在其实际发生且会计上已作损失处理的年度申报扣除；法定资产损失，应当在企业向主管税务机关提供证据资料证明该项资产已符合法定资产损失确认条件，且会计上已作损失处理的年度申报扣除。企业发生的资产损失，应按规定的程序和要求向主管税务机关申报后方能在税前扣除。未经申报的损失，不得在税前扣除。企业资产损失按其申报内容和要求的不同，分为清单申报和专项申报两种申报形式。企业资产损失相关的证据包括具有法律效力的外部证据和特定事项的企业内部证据。
企业所得税汇算清缴	1.企业分月或者分季度预缴企业所得税时，应当按照月度或者季度的实际利润额预缴；按照月度或者季度的实际利润额预缴有困难的，可以按照上一纳税年度应纳税所得额的月度或者季度平均额预缴，或者按照经税务机关认可的其他方法预缴。预缴方法一经确定，该纳税年度内不得随意变更。企业按会计制度核算的利润额减除以前年度待弥补亏损以及不征税收入、免税收入后的余额来确认实际利润额。 2.企业所得税汇算清缴，是指纳税人自纳税年度终了之日起5个月内或实际经营终止之日起60日内，依照税收法律、法规、规章及其他有关企业所得税的规定，自行计算本纳税年度应纳税所得额和应纳所得税额，根据月度或季度预缴企业所得税的数额，确定该纳税年度应补或者应退税额，并填写企业所得税年度纳税申报表，向主管税务机关办理企业所得税年度纳税申报、提供税务机关要求提供的有关资料、结清全年企业所得税税款的行为。纳税人12月份或者第四季度的企业所得税预缴纳税申报，应在纳税年度终了后15日内完成，预缴申报后进行当年企业所得税汇算清缴。不得推延至汇算清缴时一并缴纳。
所得税会计核算	《企业会计准则》要求企业采用资产负债表债务法核算所得税，《小企业会计准则》要求企业采用应付税款法核算所得税。会计和税法的差异包括永久性差异和暂时性差异。 企业的各项资产，包括固定资产、生物资产、无形资产、长期待摊费用、投资资产、存货等，以历史成本为计税基础。历史成本，是指企业取得该项资产时实际发生的支出。企业持有各项资产期间资产增值或者减值，除国务院财政、税务主管部门规定可以确认损益外，不得调整该资产的计税基础。 暂时性差异，是指资产或负债的账面价值与其计税基础之间的差额。暂时性差异包括应纳税暂时性差异和可抵扣暂时性差异。资产负债表债务法核算程序：计税基础→暂时性差异→分类→递延所得税期末数→递延所得税本期数。永久性差异和暂时性差异需要进行调整。纳税调整是通过申报表来完成，是一种“账外表内”的工作。 所得税费用＝当期所得税＋（－）递延所得税。

（六）主要财务指标

财务指标		计算公式
盈利能力	净资产收益率	净资产收益率＝净利润/平均净资产
	总资产净利率	总资产净利率＝净利润/平均资产总额
	毛利率	毛利率＝（主营业务收入－主营业务成本）/主营业务收入
	销售净利率	销售净利率＝净利润/主营业务收入
偿债能力	流动比率	流动比率＝流动资产总额/流动负债总额
	速动比率	速动比率＝（流动资产总额－存货）/流动负债总额
	现金比率	现金比率＝经营活动现金流量/流动负债
	资产负债率	资产负债率＝负债总额/资产总额
	产权比率	产权比率＝负债总额/所有者权益
	利息保障倍数	利息保障倍数＝（利润总额＋利息费用）/利息费用
营运能力	应收账款周转率	应收账款周转率＝销售收入/平均应收账款
	存货周转率	存货周转率＝主营业务成本/平均存货
	流动资产周转率	流动资产周转率＝主营业务收入/平均流动资产
	总资产周转率	总资产周转率＝主营业务收入/平均资产总额
杜邦分析	权益净利率	权益净利率＝销售净利率×资产周转率×权益乘数
	销售净利率	销售净利率＝净利润/销售收入
	资产周转率	资产周转率＝销售收入/总资产
	权益乘数	权益乘数＝总资产/所有者权益

二、12月份经济业务

1.12月1日，采用委托收款方式收到前期中南公司货款339.3万元。

2.12月2日，从湖北蓝天公司购进A材料650件，单价760元，B材料1 100件，单价705元，取得增值税专用发票。运输费用20 000元，运费扣除率为7%，取得运费发票。运费按重量比例分配，重量比例为2∶3。使用转账支票结算。

3.12月3日，向工商银行申请签发银行本票一张，金额1 274 130元，使用银行本票从武汉远大公司购进C材料2 200件，单价495元，取得增值税专用发票。

4.12月4日，从湖北大地公司购进D材料850件，单价102元，价税合计101 439元，采用商业承兑汇票结算。取得增值税专用发票。

5.12月5日，本月购买的A材料和B材料验收入库，结转入库形成的材料成本差异。A材料单位计划成本750元，B材料单位计划成本700元。

6.12月5日，本月购买的C材料和D材料验收入库，结转入库形成的材料成本差异。C材料单位计划成本490元，D材料单位计划成本100元。

7.12月6日，外购修理用配件E 50个，单价38元，价税合计2 223元，取得增值税专用发票，采用转账支票结算。

8.12月7日，本月购买的E配件验收入库，结转入库形成的成本差异。E配件单位计划成本40元。

9.12月7日，购买劳保用品140套，单价120元。取得增值税普通发票。金额合计16 800元，采用转账支票结算。

10.12月8日，采购人员王平等人出差借支差旅费8万元，开出现金支票。

11.12月8日，从南海公司购买包装箱2 000个，单价31元，价税合计72 540元，取得增值税专用发票，货款未付。

12.12月8日，购买修理工具60个，单价52元，价税合计3 120元，取得普通发票，采用转账支票结算。

13.12月8日，本月购买的劳保用品、修理工具、包装箱验收入库，结转材料成本差异。劳保用品单位计划成本100元，修理工具单位计划成本50元，包装箱单位计划成本30元。

14.12月8日，北方公司商业票据到期，收回货款51.48万元存入银行。

15.12月8日，签发转账支票支付产品质量认证费20 000元。

16.12月8日，签发现金支票，提取现金30 000元备用。

17.12月9日，代扣个人所得税2 300元，实际支付上月工资54.88万元。

18.12月9日，企业上缴上月企业负担的社会保险费和住房公积金18.92万元。个人负担的社会保险费和住房公积金9.89万元，合计28.81万元。

19.12月10日，采购人员王平等人出差回来，报销差旅费10万元。单位补给其现金2万元。

20.2011年6月10日，以赚取差价为目的从二级市场购入某公司发行的股票10万股，作为交易性金融资产，每股5元，交易费用0.05万元，全部款项50.05万元以银行存款支付。取得时借记投资收益0.05万元，2011年6月30日，该股票公允价值为每股5.3元，确认公允价值变动损益3万元。2011年12月10日，将该股票全部处置，每股6元，交易费用为0.15万元。由于不跨年度未确认交易性金融资产形成的递延所得税。

21.12月10日，购买办公用品价税合计2 340元，取得普通发票。

22.12月10日，支付南海公司购买包装箱货款72 540元，付款已经授权批准。

23.12月10日，本期材料领用情况如下：A材料600件(用于生产半成品甲)；B材料1 000件(用于生产半成品乙)，C材料2 000件(800件用于生产丙产品，1 200件用于生产丁产品)；D材料800件(用于生产丙产品)；机修车间领用配件E 250个。

24.12月10日，本期周转材料领用情况如下：劳保用品60套(一车间30套，二车间20套，机修车间10套)；工具80个(机修车间)；包装箱2 000个(用于生产丙产品800个，用于生产丁产品1 200个)；周转材料采用一次摊销法。

25.12月10日，购买电脑4台，价税合计18 720元，取得增值税专用发票。作固定资产交付使用。

26.12月10日，支付华中公司货款46 800元，享受现金折扣800元。折扣条件是20天内付款享受价款2%的优惠。实际支付46 000元。

27.12月10日，工商银行收取各种手续费2 700元。

28.12 月 10 日,转账支票支付展览费 20 000 元。

29.12 月 10 日,开出现金支票,提取现金 5 000 元。

30.12 月 10 日,报销交通费 24 000 元,用现金支付。

31.2009 年年末出资 400 万元组建长江机械有限责任公司。拥有其 80%股份,采用成本法核算,2010 年子公司盈利 50 万元,2011 年分红总额 35 万元,2011 年 12 月 10 日湖北楚天机械有限责任公司分得现金股利 28 万元(上半年分配的股利放在这里是出于训练的需要),股利符合税法的免税规定。2011 年子公司盈利 80 万元。

32.12 月 10 日,以每股 8 元的价格取得 A 公司普通股 10 万股,划分为可供出售金融资产,另支付相关交易费用 0.1 万元。

33.12 月 11 日,缴纳印花税 4 000 元。湖北省工业企业购销合同按采购金额和产品销售收入之和的 50%~70%核定计税额,计算征收印花税。应纳印花税税额=销售(营业)收入(采购金额、成本等)×核定比例×适用税率。

34.12 月 12 日,向湖北长青公司销售丙产品 400 件,单价 3 400 元,开出专用发票,湖北长青公司采用商业汇票结算。

35.12 月 12 日,支付办公楼修理费 20 000 元,取得普通发票。使用支票结算。

36.12 月 12 日,报销业务宣传费用 48 830 元,开出现金支票,补足备用金。企业发生的符合条件的广告费和业务宣传费支出,除国务院财政、税务主管部门另有规定外,不超过当年销售(营业)收入 15%的部分,准予扣除;超过部分,准予在以后纳税年度结转扣除。

37.12 月 12 日,管理部门报销业务招待费 77 244 元。补足定额备用金。企业发生的与生产经营活动有关的业务招待费,按照发生额的 60%扣除,但最高不得超过当年销售(营业)收入的 5‰。

38.12 月 13 日,报销物业费 3 000 元,补足备用金定额。

39.12 月 14 日,报销电话费 30 000 元,上网费 3 085 元,补足备用金定额。

40.12 月 15 日,销售丙产品 800 件,单价 3 400 元,价税合计 3 182 400 元收存银行,开出专用发票。假定产品陆续入库。

41.12 月 15 日,用转账支票支付广告费 81 495 元。

42.12 月 15 日,支付车辆修理费 3 000 元,取得普通发票。采用支票结算。

43.2009 年年末出资 150 万元组建汉江机械有限责任公司。拥有其 40%的股份,准备长期持有,采用权益法核算,2010 年汉江机械有限责任公司盈利 40 万元,2011 年分红总额 25 万元。本公司 2011 年 12 月 15 日实际分得现金股利 10 万元(上半年分配的股利放在这里是出于训练的需要)。

44.以前向西北公司销售一批丙商品,开出的增值税专用发票上注明的销售价款为 143 920元,增值税额 24 466.4 元。西北公司在验收过程中发现商品质量不合格,要求在价格上给予 5%的折让。假定本公司已确认销售收入,款项尚未收到,购买方已作账务处理,发票联及抵扣联无法退还。西北公司填写红字增值税专用发票申请单,12 月 15 日,根据税务机关的红字增值税专用发票通知单,销售方开具红字专用发票。

45.12 月 15 日,上月销项税额 100.11 万元,进项税额 70 万元,申报上月增值税,根据企业、银行和税务机关签订的三方协议，上缴上月增值税 30.11 万元，城市维护建设税和教育费附加 3.011 万元。

46.12 月 15 日，上缴上月企业所得税 10 万元(上月实际利润 40 万元)。企业分月或者分季度预缴企业所得税时，应当按照月度或者季度的实际利润额预缴；按会计制度核算的利润额减除以前年度待弥补亏损以及不征税收入、免税收入后的余额来确认实际利润额。

47.12 月 15 日，经批准，本年报废设备一台，原值 20 万元，累计折旧 18 万元，支付清理费用 2 000 元，残值收入 17 178.42 元，当日送存银行，此处假定不考虑增值税，结转固定资产清理的净损失为 4 821.58 元。税法规定：一般纳税人销售自己使用过的固定资产，以前未抵扣进项税额的，按简易办法依 4%征收率减半征收增值税。已经抵扣进项税额的，按照适用税率征收增值税；一般纳税人销售自己使用过的除固定资产以外的物品，应当按照适用税率征收增值税。

48.12 月 16 日，用转账支票支付排污费 5 690 元。费用报销需要凭发票和预算报告到财务部门填写报销单，找财务负责人和单位负责人联签方可列支。

49.12 月 16 日，签发转账支票支付审计费用 2 万元。

50.12 月 16 日，支付汽油费 2 400 元，取得普通发票。签发支票补足定额备用金。

51.12 月 17 日，销售给湖北大发公司丁产品 1 000 件，单价 2 340 元，代垫运输费用 5 000 元，办妥托收手续，开出增值税专用发票。

52.12 月 18 日，财产清查，盘亏 D 材料 4 件，计划成本 400 元。

53.12 月 18 日，财产清查，丁产品发生非正常损失 1 件，系管理不善导致，实际成本 1 728元，外购部分比例为 75%。

54.12 月 18 日，财产清查，盘亏现金 200 元。

55.12 月 19 日，向武汉红十字会捐款 24.3 万元。

56.12 月 19 日，应付票据到期，用存款支付华南公司 35.2 万元货款。

57.12 月 19 日，计算应交的房产税 1 200 元、车船税 600 元、土地使用税 700 元，合计 2 500 元。

58.12 月 19 日，缴纳房产税 1 200 元、车船税 600 元、土地使用税 700 元，合计 2 500 元。房产税按年征收，分期缴纳，纳税期限由省、自治区、直辖市人民政府规定。土地使用税按年计算，分季缴纳。从事机动车交通事故责任强制保险业务的保险机构为车船税的扣缴义务人，在销售机动车交通事故责任强制保险时代收代缴车船税，并及时向国库解缴税款。

59.12 月 20 日，银行存款利息共 2 000.90 元，其中工行 1 500.90 元；建行 500 元。

60.12 月 20 日，本公司拥有汉江机械有限责任公司 40%股份，2011 年汉江机械有限责任公司盈利 30 万元。

61.12 月 20 日，本公司员工 200 人，按每天 10 元，每人每月 220 元的标准，支付职工食堂中餐补贴 4.4 万元。税法规定，企业发生的职工福利费支出，不超过工资、薪金总额 14%的部分，准予扣除。

62.12 月 20 日，摊销无形资产 8 000 元。

63.12 月 20 日，采用直线法计提固定资产折旧 253 300 元，折旧年限符合税法规定。

64.12 月 20 日，盘亏现金 200 元，无法查明原因，经批准后作管理费用处理。

65.12 月 20 日，年末从建设银行南湖支行取得借款 500 万元，期限三年，年利率 7.5%，每年年末支付利息。

66.12 月 20 日，支付仓库的工程款 200 万元，仓库于 2011 年 9 月 1 日开工。

67.12 月 20 日，归还短期借款，本金 100 万元，利息 3 万元，该笔借款系 2011 年 6 月 20 日取得，年利率 6%，期限半年，到期一次还本付息，按月计提利息，已经计提 2.5 万元。

68.12 月 20 日，内审人员在检查中发现本年管理部门少提折旧 2 400 元。相关固定资产系 2011 年 6 月 20 日购买，价款 2.4 万元，使用年限 5 年。

69.12 月 20 日，企业采用账龄分析法，对应收账款计提坏账准备 10 万元，本年未发生坏账。坏账准备属于未经核定的准备金支出。

70.12 月 20 日，购买设备一台。价款 160 万元，增值税 27.2 万元，取得增值税专用发票，款项已用银行存款支付。

71.12 月 30 日，分配本月工资费用 65 万元。

72.12 月 30 日，按工资的 2%计提工会经费 13 000 元。按工资的 1.5%计提职工教育经费 9 750 元。

73.12 月 30 日，按缴费基数 43 万元，计提养老保险、医疗保险、失业保险合计 137 600 元，企业负担比例为 32%，计提住房公积金 51 600 元，企业负担比例为 12%。不考虑工伤保险和生育保险。

74.12 月 30 日，计提职工福利费 4.4 万元。

75.12 月 30 日，报销本月职工培训费用 9 750 元。如果实际发生数与计提的数额不相等需调整。

76.12 月 30 日，缴纳本月工会经费 1.3 万元。

77.12 月 30 日，计算职工年终奖 12 万元。假定奖金不计提工会经费和职工教育经费。

78.12 月 30 日，代扣个人所得税 336 元，实际发放职工年终奖 11.966 4 万元。

79.12 月 30 日，上缴发放上月工资代扣的个人所得税 2 300 元和本月发放奖金代扣的个人所得税 336 元，合计 2 636 元。

80.12 月 30 日，支付本月电费，本月共耗电 500 000 度，每度电不含税价 0.60 元，根据使用量分配的结果是机修车间 4 500 元，一车间 171 000 元，二车间 91 500 元，管理部门 30 000 元，销售部门 3 000 元。实务中本月电费下月支付需要通过“应付账款”科目核算。

81.12 月 30 日，支付本月水费。共用水 4 000 吨，每吨不含税价 2.50 元，自来水按 6%的税率抵扣。实务中本月水费下月支付需要通过“应付账款”科目核算。

82.12 月 30 日，计算材料成本差异率，结转发出材料负担的材料成本差异。

83.12 月 30 日，计算周转材料成本差异率，结转发出周转材料负担的材料成本差异。

84.12 月 30 日，产品盘亏，经批准结转损失。

85.12 月 30 日，盘亏材料系计量差错导致的，经批准后处理。

86.12月31日，按工时比例分配辅助生产费用。

87.12月31日，按工资比例分配一车间制造费用。

88.12月31日，按工资比例分配二车间制造费用。

89.12月31日，一车间产品完工，转入二车间。车间材料一次性投入，在产品完工率50%。成本计算单设置“直接材料”、“直接人工”、“制造费用”三个成本项目。包装物计入直接材料。

90.12月31日，二车间丙产品完工入库1 000件，计算丙产品成本。材料一次性投入，在产品完工率50%。

91.12月31日，二车间丁产品完工入库1 000件，计算丁产品成本。材料一次性投入，在产品完工率50%。

92.12月31日，采用先进先出法计算结转本期销售丙产品的成本。

93.12月31日，采用先进先出法计算结转本期销售丁产品的成本。注意：丁产品发生非正常损失一件。

94.12月31日，企业长期借款本金2 000万元，年利率7.5%，每年6月30日付息，本月计提利息12.5万元，资本化金额为1.5万元，费用化金额为11万元。

95.2011年1月2日，支付价款48.05万元（含交易费用0.05万元）从活跃市场购入乙公司于2011年1月2日发行的5年期债券，面值55万元，票面利率3%，按年支付利息，每年1月5日支付利息，最后一年年末（2015年12月31日）兑付本金及最后一期利息。该债券投资的实际利率为6%，将其划分为持有至到期投资，采用实际利率法摊销，按年计提利息。12月31日，计提本年利息。

96.12月31日，在建工程完工交付使用。本期期初在建工程244.5万元，仓库2011年9月1日开工时支付工程款240万元，前期累计资本化利息4.5万元。

97.12月31日，进项税额认证通过，月末转出未交增值税。编制增值税纳税申报表。

98.12月31日，计算本月的城市维护建设税和教育费附加33 613元。这里没有考虑地方教育附加、价格调节基金等。

99.12月31日，A公司股票投资（可供出售金融资产）尚未出售，当日每股市价9.01元，市价总额为90.1万元。

100.12月31日，结转各项收入。

101.12月31日，结转各项费用科目。

102.12月31日，计算并结转所得税费用。本月利润总额97.05万元。本月应预缴所得税15万元。本期计提减值准备10万元，预计在未来期间有足够的应纳税所得额用于抵扣可抵扣暂时性差异，应确认递延所得税资产。企业不打算出售长期股权投资，权益法下形成的应纳税暂时性差异不确认递延所得税负债。于下月初编制12月的预缴所得税申报表，缴纳时借记“应交税费”科目，贷记“银行存款”科目，下月缴纳不属于资产负债表日后事项。

103.1月～11月实现利润502.95万元，累计预缴本年企业所得税125万元。本月实现利润97.05万元，应预缴所得税15万元。全年实现利润600万元，全年应预缴所得税140万元，所得税费用137.5万元，全年净利润462.5万元。按净利润的10%计提法定盈余公积，按10%计提任意盈余公积，共计提盈余公积92.5万元。

104.年终结转本年利润。包括1月～11月的净利润377.95万元。

105.年终结转未分配利润其他明细科目。本年年初分配上年利润300万元，“应付现金股利或利润”明细科目在分配上年股利时已经结转至“未分配利润”科目。结账后银行存款日记账应与银行对账单核对，编制银行存款余额调节表。

106.2012年3月10日，会计师事务所审计发现，长期借款利息资本化多记60 000元，属于资产负债表日后事项。

107.2011年实现利润600万元，假定2012年年初已经预缴12月企业所得税15万元，全年累计预缴140万元。2012年3月15日，办理所得税全年的汇算清缴，审计发现财务费用少记6万元，全年招待费实际开支444 514.02元，全年超支22万元，减值准备调整10万元，权益法下投资收益调整12万元，成本法下投资收益调整28万元。广告与业务宣传费未超标，公益性捐赠未超标。三费未超标。无其他纳税调整事项，应交所得税＝(600－6＋22＋10－40)×25%＝146.5万元，应补缴6.5万元企业所得税。

108.2012年3月20日，结转“以前年度损益调整”科目。调整2011年度财务报表。该企业2011年财务报表定于2012年3月31日批准报出。

三、有关原始凭证

表1

托收凭证（收账通知）

委托日期 2011年12月1日

业务类型	委托收款（邮汇，电汇）			托收承付（邮汇，电汇）	
付款人	全称	中南公司	收款人	全称	湖北楚天机械有限责任公司
	账号	135000078444478		账号	128333333388888
	地址	武汉友谊大道100号		地址	武汉市武汉大道128号
金额	人民币（大写）叁佰叁拾玖万叁仟元整				亿千百十万千百十元角分：¥339300000
款项内容		托收凭据名称		附寄单证张数	2
商品发运情况				合同名称号码	
备注 复核 记账		上列款项已划回收入你方账户内。 收款人开户银行签章 2011年12月1日			

收款人开户银行给收款人的收账通知

表 2-1

中国工商银行
转账支票存根

30804230
90252055

附加信息：

出票日期：2011 年 12 月 2 日

收款人：	湖北蓝天公司
金　额：	￥1 485 315.00
用　途：	货款

单位主管　　　会计

表 2-2

4200093651　　　湖北增值税专用发票　　　NO. 00335201

抵扣联　　　开票日期：2011 年 12 月 2 日

购货单位	名　　称：湖北楚天机械有限责任公司 纳税人识别号：420044444466666 地 址 、电 话：武汉市武汉大道 128 号 027-88581678 开户行及账号：工行　128333333388888		密码区				
货物或应税劳务名称	规格型号	单位	数量	单价	金额	税率	税额
A		件	650	760.00	494 000.00	17%	83 980.00
B		件	1 100	705.00	775 500.00	17%	131 835.00
合　计					1 269 500.00		215 815.00
价税合计（大写）	人民币壹佰肆拾捌万伍仟叁佰壹拾伍元整　（小写）￥1 485 315.00						
销货单位	名　　称：湖北蓝天公司 纳税人识别号：454500000057575 地 址 、电 话：南京建设大道 500 号 开户行及账号：868777700000002		备注				

第二联 抵扣联 购货方扣税凭证

收款人：　　　复核：　　　开票人：　　　销货单位：（章）

表 2-3

4200093651

湖北增值税专用发票

NO. 00335201

发票联

开票日期：2011 年 12 月 2 日

购货单位	名　　称：湖北楚天机械有限责任公司 纳税人识别号：420044444466666 地 址 、电 话：武汉市武汉大道 128 号 027-88581678 开户行及账号：工行　128333333388888				密码区			
货物或应税劳务名称		规格型号	单位	数量	单价	金额	税率	税额
A			件	650	760.00	494 000.00	17%	83 980.00
B			件	1 100	705.00	775 500.00	17%	131 835.00
合　计						1 269 500.00		215 815.00
价税合计(大写)		人民币壹佰肆拾捌万伍仟叁佰壹拾伍元整　（小写）¥1 485 315.00						
销货单位	名　　称：湖北蓝天公司 纳税人识别号：454500000057575 地 址 、电 话：南京建设大道 500 号 开户行及账号：868777700000002				备注			

收款人：　　复核：　　开票人：　　销货单位：(章)

第三联　发票联　购货方记账凭证

表 2-4

中国工商银行
转账支票存根

30804230
90252056

附加信息：

出票日期：2011 年 12 月 2 日

收款人：	蚂蚁物流
金　额：	¥20 000.00
用　途：	支付运费

单位主管　　会计

表 2-5

全国联运企业统一发票

抵扣联

发票代码

开票日期　2011 年 12 月 2 日　　发票号码

机打代码 机打号码 机器编号		密码区	加密版本：	
收货人及 纳税人识别号	湖北楚天机械有限责任公司 420044444466666	发货站	到货站	
发货人及 纳税人识别号	湖北蓝天公司 454500000057575	货物名称	件　数	计费重量
运输费用			其他费用	
运费项目	金　额		其他项目	金　额
运费小计	20 000.00		其他费用小计	
合计(大写)	人民币贰万元整	小写:20 000.00		
承运人名称及 纳税人识别号	蚂蚁物流 454500000078789	主管税务机关及代码		

第一联　抵扣联　付款方扣税凭证

表 2-6

全国联运企业统一发票

发票联

发票代码

开票日期　2011 年 12 月 2 日　　发票号码

机打代码 机打号码 机器编号		密码区	加密版本：	
收货人及 纳税人识别号	湖北楚天机械有限责任公司 420044444466666	发货站	到货站	
发货人及 纳税人识别号	湖北蓝天公司 454500000057575	货物名称	件　数	计费重量
运输费用			其他费用	
运费项目	金　额		其他项目	金　额
运费小计	20 000.00		其他费用小计	
合计(大写)	人民币贰万元整	小写:20 000.00		
承运人名称及 纳税人识别号	蚂蚁物流 454500000078789	主管税务机关及代码		

第二联　发票联　付款方付款凭证

表 3-1

银行本票申请书(存根)

申请日期 2011 年 12 月 3 日 第 号

申请人	湖北楚天机械有限责任公司	收款人	武汉远大公司
账号或住址	128333333388888	账号或住址	武汉光谷大道
用途	购买材料	代理付款行	工行
汇票金额	人民币(大写)壹佰贰拾柒万肆仟壹佰叁拾元整	千百十万千百十元角分	¥127413000
备注		科目: 对方科目: 财务主管 复核 经办	

此联申请人留存

表 3-2

4200083655

湖北增值税专用发票

NO. 00435203

抵扣联 开票日期:2011 年 12 月 3 日

购货单位	名称:湖北楚天机械有限责任公司 纳税人识别号:420044444466666 地址、电话:武汉市武汉大道 128 号 027-88581678 开户行及账号:工行 128333333388888		密码区				
货物或应税劳务名称	规格型号	单位	数量	单价	金额	税率	税额
C		件	2 200	495.00	1 089 000.00	17%	185 130.00
合计					1 089 000.00		185 130.00
价税合计(大写)	人民币壹佰贰拾柒万肆仟壹佰叁拾元整				(小写)¥1 274 130.00		
销货单位	名称:武汉远大公司 纳税人识别号:420000420000666 地址、电话:武汉光谷大道 开户行及账号:547845454566666		备注				

收款人: 复核: 开票人: 销货单位:(章)

第二联 抵扣联 购货方扣税凭证

表 3-3

4200083655

湖北增值税专用发票

NO. 00435203

发票联

开票日期：2011 年 12 月 3 日

<table>
<tr><td rowspan="5">购货单位</td><td colspan="4">名　　　称：湖北楚天机械有限责任公司
纳税人识别号：420044444466666
地 址 、电 话：武汉市武汉大道 128 号
027-88581678
开户行及账号：工行　128333333388888</td><td>密码区</td><td colspan="3"></td></tr>
<tr><td colspan="2">货物或应税劳务名称</td><td>规格型号</td><td>单位</td><td>数量</td><td>单价</td><td>金额</td><td>税率</td><td>税额</td></tr>
<tr><td colspan="2">C</td><td></td><td>件</td><td>2 200</td><td>495.00</td><td>1 089 000.00</td><td>17%</td><td>185 130.00</td></tr>
<tr><td colspan="2">合　计</td><td></td><td></td><td></td><td></td><td>1 089 000.00</td><td></td><td>185 130.00</td></tr>
<tr><td colspan="2">价税合计(大写)</td><td colspan="7">人民币壹佰贰拾柒万肆仟壹佰叁拾元整　　(小写)￥1 274 130.00</td></tr>
<tr><td>销货单位</td><td colspan="4">名　　　称：武汉远大公司
纳税人识别号：420000420000666
地 址 、电 话：武汉光谷大道
开户行及账号：547845454566666</td><td>备注</td><td colspan="3"></td></tr>
</table>

第三联　发票联　购货方记账凭证

收款人：　　　复核：　　　开票人：　　　销货单位：(章)

表 4-1

商业承兑汇票(存根)

出票日期(大写)：贰零壹壹年壹拾贰月零肆日　　　　汇票号码

<table>
<tr><td rowspan="3">付款人</td><td>全　称</td><td>湖北楚天机械有限责任公司</td><td rowspan="3">收款人</td><td>全　称</td><td colspan="2">湖北大地公司</td></tr>
<tr><td>账　号</td><td>128333333388888</td><td>账　号</td><td colspan="2">429696969644444</td></tr>
<tr><td>开户银行</td><td>工行</td><td>开户银行</td><td colspan="2">工行</td></tr>
<tr><td colspan="2">出票金额</td><td colspan="4">人民币(大写)壹拾万零壹仟肆佰叁拾玖元整</td><td>千|百|十|万|千|百|十|元|角|分
 |￥|1|0|1|4|3|9|0|0</td></tr>
<tr><td colspan="2">汇票到期日(大写)</td><td>贰零壹贰年零叁月零肆日</td><td colspan="2" rowspan="2">付款人开户行</td><td>行号</td><td>工行</td></tr>
<tr><td colspan="2">交易合同号码</td><td></td><td>地址</td><td></td></tr>
<tr><td colspan="3">出票人签章</td><td colspan="4">备注</td></tr>
</table>

表 4-2

4200053650

湖北增值税专用发票

NO. 00535801

抵扣联

开票日期:2011 年 12 月 4 日

<table>
<tr><td>购货单位</td><td colspan="4">名　　称:湖北楚天机械有限责任公司
纳税人识别号:420044444466666
地 址 、电 话:武汉市武汉大道 128 号
027-88581678
开户行及账号:工行　128333333388888</td><td>密码区</td><td colspan="4"></td></tr>
<tr><td colspan="2">货物或应税劳务名称</td><td>规格型号</td><td>单位</td><td>数量</td><td>单价</td><td>金额</td><td>税率</td><td>税额</td></tr>
<tr><td colspan="2">D</td><td></td><td>件</td><td>850</td><td>102.00</td><td>86 700.00</td><td>17%</td><td>14 739.00</td></tr>
<tr><td colspan="2">合　计</td><td></td><td></td><td></td><td></td><td>86 700.00</td><td></td><td>14 739.00</td></tr>
<tr><td colspan="2">价税合计(大写)</td><td colspan="7">人民币壹拾万零壹仟肆佰叁拾玖元整　　(小写)¥ 101 439.00</td></tr>
<tr><td>销货单位</td><td colspan="4">名　　称:湖北大地公司
纳税人识别号:426667878787855
地 址 、电 话:武汉和平大道
开户行及账号:429696969644444</td><td>备注</td><td colspan="4"></td></tr>
</table>

收款人:　　复核:　　开票人:　　销货单位:(章)

第二联 抵扣联 购货方扣税凭证

表 4-3

4200053650

湖北增值税专用发票

NO. 00535801

发票联

开票日期:2011 年 12 月 4 日

<table>
<tr><td>购货单位</td><td colspan="4">名　　称:湖北楚天机械有限责任公司
纳税人识别号:420044444466666
地 址 、电 话:武汉市武汉大道 128 号
027-88581678
开户行及账号:工行　128333333388888</td><td>密码区</td><td colspan="4"></td></tr>
<tr><td colspan="2">货物或应税劳务名称</td><td>规格型号</td><td>单位</td><td>数量</td><td>单价</td><td>金额</td><td>税率</td><td>税额</td></tr>
<tr><td colspan="2">D</td><td></td><td>件</td><td>850</td><td>102.00</td><td>86 700.00</td><td>17%</td><td>14 739.00</td></tr>
<tr><td colspan="2">合　计</td><td></td><td></td><td></td><td></td><td>86 700.00</td><td></td><td>14 739.00</td></tr>
<tr><td colspan="2">价税合计(大写)</td><td colspan="7">人民币壹拾万零壹仟肆佰叁拾玖元整　　(小写)¥ 101 439.00</td></tr>
<tr><td>销货单位</td><td colspan="4">名　　称:湖北大地公司
纳税人识别号:426667878787855
地 址 、电 话:武汉和平大道
开户行及账号:429696969644444</td><td>备注</td><td colspan="4"></td></tr>
</table>

收款人:　　复核:　　开票人:　　销货单位:(章)

第三联 发票联 购货方记账凭证

表 5(要求自制)

材料验收入库单

验收日期:2011 年 12 月 5 日

品名	规格	单位	数量		实际成本				计划成本	
			应收	实收	单价	总价	运杂费	合计	单价	总价
A		件								
B		件								
合计										
材料成本差异										

供销主管:　　验收保管:　　采购:　　制单:

表 6(要求自制)

材料验收入库单

验收日期:2011 年 12 月 5 日

品名	规格	单位	数量		实际成本				计划成本	
			应收	实收	单价	总价	运杂费	合计	单价	总价
C		件								
D		件								
合计										
材料成本差异										

供销主管:　　验收保管:　　采购:　　制单:

表 7-1

4200033650 **湖北增值税专用发票** NO. 00635202

抵扣联 开票日期：2011 年 12 月 6 日

购货单位	名　　称：湖北楚天机械有限责任公司 纳税人识别号：420044444466666 地 址 、电 话：武汉市武汉大道 128 号 027-88581678 开户行及账号：工行 128333333388888		密码区				
货物或应税劳务名称	规格型号	单位	数量	单价	金额	税率	税额
E		个	50	38.00	1 900.00	17%	323.00
合　计					1 900.00		323.00
价税合计(大写)	人民币贰仟贰佰贰拾叁元整						(小写)￥2 223.00
销货单位	名　　称：湖北天宇公司 纳税人识别号：423434343535366 地 址 、电 话：武汉中山大道 开户行及账号：585960232323233		备注				

收款人： 复核： 开票人： 销货单位：(章)

第二联 抵扣联 购货方扣税凭证

表 7-2

4200033650 **湖北增值税专用发票** NO. 00635202

发票联 开票日期：2011 年 12 月 6 日

购货单位	名　　称：湖北楚天机械有限责任公司 纳税人识别号：420044444466666 地 址 、电 话：武汉市武汉大道 128 号 027-88581678 开户行及账号：工行 128333333388888		密码区				
货物或应税劳务名称	规格型号	单位	数量	单价	金额	税率	税额
E		个	50	38.00	1 900.00	17%	323.00
合　计					1 900.00		323.00
价税合计(大写)	人民币贰仟贰佰贰拾叁元整						(小写)￥2 223.00
销货单位	名　　称：湖北天宇公司 纳税人识别号：423434343535366 地 址 、电 话：武汉中山大道 开户行及账号：585960232323233		备注				

收款人： 复核： 开票人： 销货单位：(章)

第三联 发票联 购货方记账凭证

表 7-3(要求自制)

工商银行
转账支票存根

30804230
90252057

附加信息：

出票日期：　年　月　日

收款人：	
金　额：	
用　途：	

单位主管　　会计

表 8(要求自制)

材料验收入库单

验收日期：2011 年 12 月 7 日

品名	规格	单位	数量		实际成本				计划成本	
			应收	实收	单价	总价	运杂费	合计	单价	总价
E		个								
合计										
材料成本差异										

供销主管：　验收保管：　采购：　制单：

表 9-1

工商银行
转账支票存根

30804230
90252058

附加信息：

出票日期：2011 年 12 月 7 日

收款人：武汉武商量贩连锁有限公司	
金　额：16 800.00	
用　途：货款	

单位主管　　会计

表 9-2

武汉武商量贩连锁有限公司发票

发票联

发票代码 142011162054

发票号码 00354034

购方单位：湖北楚天机械有限责任公司

2011 年 12 月 7 日

品 名	规 格	单 位	数 量	单 价	金 额
劳保用品		套	140	120.00	16 800.00
金额(大写)	人民币⊗拾壹万陆仟捌佰零拾零元零角零分				¥16 800.00

付款方报销凭证

开票单位盖章　　复核人　　收款人　　开票人

表 10-1

湖北楚天机械有限责任公司借款单

2011 年 12 月 8 日

填报部门	采购部门				
借款事由	采购出差				
今借到人民币(大写) 仟 佰⊗拾捌万零仟零佰零拾零元零角零分					¥80 000.00
备注					
批准人		财务负责人		借款人	王平

表 10-2

中国工商银行 现金支票存根	本支票付款期限十天	中国工商银行现金支票
支票号码 945459 附加信息 出票日期 2011 年 12 月 8 日 收款人：王平 金额：80 000.00 用途：出差 单位主管 会计		支票号码 945459 出票日期（大写）贰零壹壹年壹拾贰月零捌日 付款行名称 收款人：王平 出票人账号 人民币（大写）捌万元整 亿千百十万千百十元角分 ¥8000000 用途 上列款项请从 我账户内支付 签章 复核 记账

表 11-1

4200013650

湖北增值税专用发票

NO. 00835201

抵扣联　　开票日期：2011 年 12 月 8 日

购货单位	名称：湖北楚天机械有限责任公司 纳税人识别号：420044444466666 地址、电话：武汉市武汉大道 128 号 027-88581678 开户行及账号：工行 128333333388888			密码区			
货物或应税劳务名称	规格型号	单位	数量	单价	金额	税率	税额
包装箱		个	2 000	31.00	62 000.00	17%	10 540.00
合计					62 000.00		10 540.00
价税合计（大写）	人民币柒万贰仟伍佰肆拾元整					（小写）¥ 72 540.00	
销货单位	名称：南海公司 纳税人识别号：425555666121212 地址、电话：武汉解放大道 开户行及账号：工行 754642000000400			备注			

收款人：　　复核：　　开票人：　　销货单位：（章）

第二联 抵扣联 购货方扣税凭证

表 11-2

4200013650 **湖北增值税专用发票** NO. 00835201

发票联 开票日期:2011 年 12 月 8 日

<table>
<tr><td rowspan="1">购货单位</td><td colspan="4">名　　称:湖北楚天机械有限责任公司
纳税人识别号:420044444466666
地 址 、电 话:武汉市武汉大道 128 号 027-88581678
开户行及账号:工行 128333333388888</td><td>密码区</td><td colspan="3"></td></tr>
<tr><td colspan="2">货物或应税劳务名称</td><td>规格型号</td><td>单位</td><td>数量</td><td>单价</td><td>金额</td><td>税率</td><td>税额</td></tr>
<tr><td colspan="2">包装箱</td><td></td><td>个</td><td>2 000</td><td>31.00</td><td>62 000.00</td><td>17%</td><td>10 540.00</td></tr>
<tr><td colspan="2">合　计</td><td></td><td></td><td></td><td></td><td>62 000.00</td><td></td><td>10 540.00</td></tr>
<tr><td colspan="2">价税合计(大写)</td><td colspan="7">人民币柒万贰仟伍佰肆拾元整　　(小写)¥72 540.00</td></tr>
<tr><td>销货单位</td><td colspan="4">名　　称:南海公司
纳税人识别号:425555666121212
地 址 、电 话:武汉解放大道
开户行及账号:工行 754642000000400</td><td>备注</td><td colspan="3"></td></tr>
</table>

收款人:　　复核:　　开票人:　　销货单位:(章)

第三联 发票联 购货方记账凭证

表 12-1

工商银行
转账支票存根

30804230
90252059

附加信息:

出票日期:2011 年 12 月 8 日

收款人:	武汉远方五金连锁有限公司
金　额:	3 120.00
用　途:	货款

单位主管　　会计

表 12-2

武汉远方五金连锁有限公司发票

发票联

发票代码 142011162056

发票号码 00454035

购方单位：湖北楚天机械有限责任公司

2011 年 12 月 8 日

品名	规格	单位	数量	单价	金额
工具		个	60	52.00	3 120.00
金额(大写)	人民币⊗万叁仟壹佰贰拾零元零角零分				¥3 120.00

付款方报销凭证

开票单位盖章　　复核人　　收款人　　开票人

表 13(要求自制)

材料验收入库单

验收日期：2011 年 12 月 8 日

品名	规格	单位	数量		实际成本				计划成本	
			应收	实收	单价	总价	运杂费	合计	单价	总价
劳保用品										
包装箱										
工具										
合计										
材料成本差异										

供销主管：　　验收保管：　　采购：　　制单：

表 14

中国工商银行进账单

2011 年 12 月 8 日　　　　第　　号

出票人	全　称		持票人	全　称	湖北楚天机械有限责任公司
	账　号			账　号	128333333388888
	开户银行	工商银行		开户银行	工商银行东湖支行

	千	百	十	万	千	百	十	元	角	分
人民币(大写)伍拾壹万肆仟捌佰元整										
票据种类 商业汇票		¥	5	1	4	8	0	0	0	0

票据张数	收款单位开户行盖章
单位主管　　会计　　复核　　记账	

开户行给持票人的收账通知

表 15-1

工商银行
转账支票存根

30804230
90252060

附加信息：

出票日期：2011 年 12 月 8 日

收款人：	
金　额：20 000.00	
用　途：认证费	

单位主管　　　　会计

表 15-2

湖北省地方税收通用发票(电子)

发 票 联　　　电子发票 手写无效

发票代码 000000000001

发票号码 00000008

代码区		二维码	
查询码			
付款方名称	湖北楚天机械有限责任公司	身份证号/组织机构代码/纳税人识别号	420044444466666
收款方名称	湖北质量认证中心	身份证号/组织机构代码/纳税人识别号	420052535466666
项　目		金　额	备　注
		20 000.00	
合计金额(元)(大写)	贰万元整		
000000000142 NO		主管税务机关及代码	武汉地税

第一联 发票联 付款方付款凭证

开票人：　　　开票单位签章：　　　开票日期：2011 年 12 月 8 日

表 15-3

湖北楚天机械有限责任公司费用报销单

填报人		部 别		日 期	2011 年 12 月 8 日
费用类型	填 报 说 明				
质量认证					
金 额	仟 佰⊗拾贰万零仟零佰零拾零元零角零分　¥20 000.00				
原支款		应付(退)款		财务审核人	
批准人		部门负责人		财务负责人	

附单据　　张

表 16(要求自制)

中国工商银行 现金支票存根	本支票付款期限十天	中国工商银行现金支票
支票号码 945460 附加信息 __________ __________ __________ 出票日期　年　月　日 收款人： 金额： 用途： 单位主管　　会计		支票号码 945460 出票日期(大写)　年　月　日　　付款行名称 收款人：　　出票人账号 人民币(大写)　亿 千 百 十 万 千 百 十 元 角 分 用途__________ 上列款项请从 我账户内支付 签章　　复核　　记账

表 17-1

工资结算表 2011 年 11 月

金额单位：元

项目 部门	明细	职工人数(人)	工　资	缴费基数	个人负担保险 11%	个人负担公积金 12%	代扣个税
一车间	甲	54	162 000	108 000	11 880	12 960	
	乙	36	108 000	72 000	7 920	8 640	
	一般	2	16 000	10 000	1 100	1 200	460
二车间	丙	33	99 000	66 000	7 260	7 920	
	丁	27	81 000	54 000	5 940	6 480	
	一般	2	16 000	10 000	1 100	1 200	460
机修车间		10	30 000	20 000	2 200	2 400	
管理部门		24	92 000	60 000	6 600	7 200	920
销售部门		12	46 000	30 000	3 300	3 600	460
合计		200	650 000	430 000	47 300	51 600	2 300
工资总额	650 000	保险公积金	98 900	个税	2 300	实发	548 800

表 17-2

工商银行
转账支票存根

30804230
90252061

附加信息：________________

____

____

出票日期：2011 年 12 月 9 日

收款人：	全体职工
金　额：	548 800.00
用　途：	工资

单位主管　　　　会计

表 18-1

2011 年 11 月三项保险和住房公积金结算表

金额单位：元

项目 部门	明细	职工人数（人）	工资	缴费基数	企业负担保险 32%	企业负担公积金 12%	个人负担保险 11%	个人负担公积金 12%
一车间	甲	54	162 000	108 000	34 560	12 960	11 880	12 960
	乙	36	108 000	72 000	23 040	8 640	7 920	8 640
	一般	2	16 000	10 000	3 200	1 200	1 100	1 200
二车间	丙	33	99 000	66 000	21 120	7 920	7 260	7 920
	丁	27	81 000	54 000	17 280	6 480	5 940	6 480
	一般	2	16 000	10 000	3 200	1 200	1 100	1 200
机修车间		10	30 000	20 000	6 400	2 400	2 200	2 400
管理部门		24	92 000	60 000	19 200	7 200	6 600	7 200
销售部门		12	46 000	30 000	9 600	3 600	3 300	3 600
合计		200	650 000	430 000	137 600	51 600	47 300	51 600

表 18-2

工商银行
转账支票存根

30804230
90252062

附加信息：

出票日期：2011 年 12 月 9 日

收款人：	武汉住房公积金管理中心
金　额：	103 200.00
用　途：	住房公积金

单位主管　　　　会计

表 18-3

武汉住房公积金汇(补)缴书

2011 年 12 月 9 日　　　　0000007

<table>
<tr><td rowspan="7">客户填写</td><td colspan="2">缴存单位</td><td colspan="2">湖北楚天机械有限责任公司</td><td colspan="2">公积金账号</td><td colspan="2"></td></tr>
<tr><td colspan="2">缴存金额（大写）</td><td colspan="4">人民币壹拾万零叁仟贰佰元整</td><td colspan="2">千百十万千百十元角分
¥ 1 0 3 2 0 0 0 0</td></tr>
<tr><td colspan="2">上月汇缴</td><td colspan="2">本月增加汇缴</td><td colspan="2">本月减少汇缴</td><td colspan="2">本月汇缴</td></tr>
<tr><td>人数</td><td>金额</td><td>人数</td><td>金额</td><td>人数</td><td>金额</td><td>人数</td><td>金额</td></tr>
<tr><td></td><td></td><td></td><td></td><td></td><td></td><td></td><td>103 200.00</td></tr>
<tr><td colspan="3">汇缴　　年　　月</td><td colspan="2">补缴人数：　　　人</td><td colspan="3">附变更清册：　　　张</td></tr>
<tr><td colspan="3">补缴</td><td colspan="2">补缴金额：　　　元</td><td colspan="3">附补缴清册：　　　张</td></tr>
<tr><td>受理网点填写</td><td>业务审核</td><td colspan="2"></td><td>资金入账</td><td colspan="2"></td><td colspan="2">单位印鉴</td></tr>
</table>

武汉住房公积金管理中心监制

表 18-4

转账日期:2011 年 12 月 9 日		
纳税人全称及纳税人识别号:420044444466666		
付款人全称:湖北楚天机械有限责任公司		
付款人账号:128333333388888	征收机关名称 东湖地税	
付款人开户银行:工商银行东湖支行	收款国库(银行)名称	
小写(合计)金额:184 900.00	缴款书交易流水号	
大写(合计)金额:壹拾捌万肆仟玖佰元整	税票号码:	
税(费)种名称	所属时期	实缴金额
生育保险基金		
工伤保险基金		
失业保险基金	20111101-20111130	12 900.00
基本养老保险基金	20111101-20111130	124 700.00
基本医疗保险基金	20111101-20111130	47 300.00

表 19(要求自制)

湖北楚天机械有限责任公司差旅费报销单

填报人	王平	部别	采购部门	日期	2011 年 12 月 10 日
费用类型	填报说明				
交通费					
住宿费					
其他费用					
金额	仟 佰 拾 万 仟 佰 拾 元 角 分 ¥				
原支款		应付(退)款		财务审核人	
批准人		部门负责人		财务负责人	

附单据 10 张

表 20-1

上海证券中心登记结算公司

买卖类别：卖出	成交日期：2011 年 12 月 10 日
股东代码：	股东姓名：湖北楚天机械有限责任公司
资金账号：	合同号码：
证券名称：	委托时间：
成交代码：	成交金额：600 000.00
成交股数：100 000	手续费：900.00
成交价格：6.00	印花税（税率 1‰）：600.00
收付金额：598 500.00	

经办单位　　　　　　　　　　　　客户印章

表 20-2

中国工商银行进账单

2011 年 12 月 10 日　　　　　　第　　号

出票人	全　称		持票人	全　称	湖北楚天机械有限责任公司
	账　号			账　号	128333333388888
	开户银行			开户银行	工商银行东湖支行

	千	百	十	万	千	百	十	元	角	分
人民币（大写）伍拾玖万捌仟伍佰元整	千	百	十	万	千	百	十	元	角	分
票据种类		¥	5	9	8	5	0	0	0	0
票据张数										
单位主管　会计　复核　记账	收款单位开户行盖章									

开户行给持票人的收账通知

表 21-1

工商银行
转账支票存根

30804230
90252063

附加信息：

出票日期：2011 年 12 月 10 日

收款人：	武汉广场管理有限公司
金　额：	2 340.00
用　途：	办公用品

单位主管　　　　会计

表 21-2

武汉广场管理有限公司发票

发票联

发票代码 142011162059

发票号码 00554030

购方单位：湖北楚天机械有限责任公司

2011 年 12 月 10 日

品　名	规　格	单　位	数　量	单　价	金　额
办公用品					2 340.00
金额(大写)	人民币⊗万贰仟叁佰肆拾零元零角零分				¥2 340.00

付款方报销凭证

开票单位盖章　　复核人　　收款人　　开票人

表 21-3

湖北楚天机械有限责任公司费用报销单

填报人		部 别		日 期	2011 年 12 月 10 日
费用类型	填 报 说 明				
办公用品					
金 额	仟 佰 拾⊗万贰仟叁佰肆拾零元零角零分				¥2 340.00
原支款		应付(退)款		财务审核人	
批准人		部门负责人		财务负责人	

附单据　　张

表 22

托收凭证(付款通知)

委托日期 2011 年 12 月 10 日

业务类型	委托收款(邮汇,电汇)			托收承付(邮汇,电汇)	
付款人	全称	湖北楚天机械有限责任公司	收款人	全称	南海公司
	账号	128333333388888		账号	754642000000400
	地址	武汉市武汉大道 128 号		地址	武汉解放大道
金额	人民币(大写)柒万贰仟伍佰肆拾元整			亿千百十万千百十元角分	¥7254000
款项内容		托收凭据名称		附寄单证张数	2
商品发运情况				合同名称号码	
备注 复核 记账		付款人注意: 收款人开户银行签章 2011 年 12 月 10 日			

付款人开户银行给付款人的付款通知

表 23-1(要求自制)

湖北楚天机械有限责任公司领料单

2011 年 12 月 10 日　　编号:

领料部门:		一车间		仓库:			
材料编号	材料名称	用途	单位	数量		计划成本	
				请领	实发	单价	金额
A		生产甲	件				
B		生产乙	件				
合计							

记账:　　发料:　　领料:

表 23-2(要求自制)

湖北楚天机械有限责任公司领料单

2011 年 12 月 10 日　　编号:

领料部门:		二车间		仓库:			
材料编号	材料名称	用途	单位	数量		计划成本	
				请领	实发	单价	金额
C		生产丙	件				
C		生产丁	件				
D		生产丙	件				
合计							

记账:　　发料:　　领料:

表 23-3(要求自制)

湖北楚天机械有限责任公司领料单

2011 年 12 月 10 日　　　　　　编号：

领料部门：		机修车间		仓库：			
材料编号	材料名称	用途	单位	数量		计划成本	
				请领	实发	单价	金额
E		修理配件	个				
合计							

记账：　　　　发料：　　　　领料：

表 24-1(要求自制)

湖北楚天机械有限责任公司领料单

2011 年 12 月 10 日　　　　　　编号：

领料部门：		一车间		仓库：			
材料编号	材料名称	用途	单位	数量		计划成本	
				请领	实发	单价	金额
劳保用品			套				
合计							

记账：　　　　发料：　　　　领料：

表 24-2(要求自制)

湖北楚天机械有限责任公司领料单

2011 年 12 月 10 日　　　　　　编号：

领料部门：		二车间		仓库：			
材料编号	材料名称	用途	单位	数量		计划成本	
				请领	实发	单价	金额
包装箱		丙	个				
		丁	个				
劳保用品			套				
合计							

记账：　　　　发料：　　　　领料：

表 24-3(要求自制)

湖北楚天机械有限责任公司领料单

2011 年 12 月 10 日　　　　编号：

领料部门：		机修车间		仓库：			
材料编号	材料名称	用途	单位	数量		计划成本	
				请领	实发	单价	金额
劳保用品			套				
工具			个				
合计							

记账：　　　　发料：　　　　领料：

表 25-1

工商银行
转账支票存根

30804230
90252064

附加信息：

出票日期：2011 年 12 月 10 日

收款人：	武汉联想集团
金　额：	18 720.00
用　途：	固定资产

单位主管　　　　会计

表 25-2

4200055650 **湖北增值税专用发票** NO. 00235201

抵扣联 开票日期：2011 年 12 月 10 日

购货单位	名　　称：湖北楚天机械有限责任公司 纳税人识别号：420044444466666 地 址 、电 话：武汉市武汉大道 128 号 027-88581678 开户行及账号：工行 128333333388888			密码区			
货物或应税劳务名称	规格型号	单位	数量	单价	金额	税率	税额
电脑		台	4	4 000	16 000.00	17%	2 720.00
合　计					16 000.00		2 720.00
价税合计(大写)	人民币壹万捌仟柒佰贰拾元整				（小写）¥ 18 720.00		
销货单位	名　　称：武汉联想集团 纳税人识别号：421231232525256 地 址 、电 话：武汉 027-89868526 开户行及账号：工行 128986858585234			备注			

收款人：　　复核：　　开票人：　　销货单位：(章)

第二联 抵扣联 购货方扣税凭证

表 25-3

4200055650 **湖北增值税专用发票** NO. 00235201

发票联 开票日期：2011 年 12 月 10 日

购货单位	名　　称：湖北楚天机械有限责任公司 纳税人识别号：420044444466666 地 址 、电 话：武汉市武汉大道 128 号 027-88581678 开户行及账号：工行 128333333388888			密码区			
货物或应税劳务名称	规格型号	单位	数量	单价	金额	税率	税额
电脑		台	4	4 000	16 000.00	17%	2 720.00
合　计					16 000.00		2 720.00
价税合计(大写)	人民币壹万捌仟柒佰贰拾元整				（小写）¥ 18 720.00		
销货单位	名　　称：武汉联想集团 纳税人识别号：421231232525256 地 址 、电 话：武汉 027-89868526 开户行及账号：工行 128986858585234			备注			

收款人：　　复核：　　开票人：　　销货单位：(章)

第三联 发票联 购货方记账凭证

表 25-4

固定资产移交生产验收单

保管使用部门：　　　　2011 年 12 月 10 日

固定资产编号	固定资产名称	规格型号	计量单位	数量	原值	预计使用年限	制造厂商或施工方式
	电脑		台	4	16 000.00	3 年	武汉联想集团

固定资产管理部门意见		财会部门验收意见		使用保管验收签章	

固定资产管理部门负责人：　　　　项目负责人：　　　　制单：

表 26

工商银行
转账支票存根
30804230
90252065

附加信息：

出票日期：2011 年 12 月 10 日

收款人：华中公司
金　额：46 000.00
用　途：货款

单位主管　　　　会计

表 27

中国工商银行收费清单(付款通知)

账号：　　　　2011 年 12 月 10 日

单位名称	湖北楚天机械有限责任公司	账　户	128333333388888
收费项目	手续费用	金　额	2 700.00
你单位上述应偿借款利息 已从你单位账户划出 银行盖章		复核： 记账：	

表 28-1

工商银行
转账支票存根

30804230
90252066

附加信息：

出票日期：2011 年 12 月 10 日

收款人：	
金　额：20 000.00	
用　途：展览费	

单位主管　　会计

表 28-2

湖北楚天机械有限责任公司费用报销单

填报人		部 别		日 期	2011 年 12 月 10 日
费用类型	填 报 说 明				
展览费					
金 额	仟　佰⊗拾贰万零仟零佰零拾零元零角零分				¥20 000.00
原支款		应付(退)款		财务审核人	
批准人		部门负责人		财务负责人	

附单据　　张

表 28-3

湖北省服务业发票

发票联　　发票代码

单位或个人名称　　2011 年 12 月 10 日　　发票号码

项　目	单　位	数　量	单　价	金额 万	千	百	十	元	角	分	备注
展览费				2	0	0	0	0	0	0	
合计(大写)	人民币⊗拾贰万零仟零佰零拾零元零角零分			2	0	0	0	0	0	0	

发票联

收款单位(章)　　收款人　　开票人

表 29

中国工商银行 现金支票存根 支票号码 945461 附加信息 出票日期 2011 年 12 月 10 日 收款人： 金额：5 000.00 用途： 单位主管　会计	本支票付款期限十天	中国工商银行现金支票 支票号码 945461 出票日期(大写)贰零壹壹年壹拾贰月零壹拾日 付款行名称 收款人：　出票人账号 人民币(大写)伍仟元整　亿 千 百 十 万 千 百 十 元 角 分 ¥ 5 0 0 0 0 0 用途 上列款项请从 我账户内支付 签章　复核　记账

表 30

湖北楚天机械有限责任公司费用报销单

填报人		部 别		日 期	2011 年 12 月 10 日
费用类型	填 报 说 明				
金 额	佰⊗拾贰万肆仟零佰零拾零元零角零分　¥24 000.00				
原支款		应付(退)款		财务审核人	
批准人		部门负责人		财务负责人	

附单据　张

表 31-1

股东投资协议书

甲方：湖北楚天机械有限责任公司

乙方：湖北黄鹤有限责任公司

经上述各方股东充分协商，就投资设立长江机械有限责任公司(下称公司)事宜，达成如下协议：

一、拟设立的公司名称、经营范围、注册资本、法定地址、法定代表人

1. 公司名称：长江机械有限责任公司
2. 经营范围：机械加工
3. 注册资本：500 万元
4. 法定地址：湖北武汉
5. 法定代表人：李刚

二、出资方式及占股比例

甲方以货币作为出资，出资额400 万元人民币，占公司注册资本的80%；

乙方以货币作为出资，出资额100 万元人民币，占公司注册资本的20%；

三、其他约定

1. 成立公司筹备组，成员由各方股东派员组成，出任法人代表一方的股东代表为组长，组织起草申办设立公司的各类文件；
2. 出任法人代表一方的股东先行垫付筹办费用，公司设立后该费用由公司承担；
3. 上述各方股东委托出任法人代表方代理申办公司的各项注册事宜；
4. 本协议自各方股东签字盖章之日起生效。一式两份，各方股东各执一份，以便共同遵守。

甲方(盖章)：湖北楚天机械有限责任公司　　乙方(盖章)：湖北黄鹤有限责任公司

代表人(签字)：王海　　代表人(签字)：周强

2009 年 12 月 20 日　　2009 年 12 月 20 日

表 31-2

长江机械有限责任公司 2011 分配上年股利	2011 年分红总额 35 万元，2011 年母公司分得现金股利 28 万元。
长江机械有限责任公司 2011 实现盈利	2011 年子公司盈利 80 万元。

表 31-3

中国工商银行进账单

2011 年 12 月 10 日　　第　　号

<table>
<tr><td rowspan="3">出票人</td><td>全　称</td><td colspan="2">长江机械有限责任公司</td><td rowspan="3">持票人</td><td>全　称</td><td colspan="10">湖北楚天机械有限责任公司</td></tr>
<tr><td>账　号</td><td colspan="2"></td><td>账　号</td><td colspan="10">128333333388888</td></tr>
<tr><td>开户银行</td><td colspan="2"></td><td>开户银行</td><td colspan="10">工商银行东湖支行</td></tr>
<tr><td colspan="6">人民币(大写)贰拾捌万元整</td><td>千</td><td>百</td><td>十</td><td>万</td><td>千</td><td>百</td><td>十</td><td>元</td><td>角</td><td>分</td></tr>
<tr><td colspan="6">票据种类</td><td></td><td>¥</td><td>2</td><td>8</td><td>0</td><td>0</td><td>0</td><td>0</td><td>0</td><td>0</td></tr>
<tr><td colspan="3">票据张数</td><td colspan="13" rowspan="2">收款单位开户行盖章</td></tr>
<tr><td colspan="3">单位主管　会计　复核　记账</td></tr>
</table>

开户行给持票人的收账通知

表 32

上海证券中心登记结算公司

买卖类别：买入	成交日期：2011 年 12 月 10 日
股东代码：	股东姓名：湖北楚天机械有限责任公司
资金账号：	合同号码：
证券名称：A 公司	委托时间：
成交号码：	成交金额：800 000.00
成交股数：100 000	手续费：1 000.00
成交价格：8.00	
收付金额：801 000.00	

经办单位　　　　客户印章

表 33-1

印花税纳税申报表

填报日期：　　2011 年 12 月 11 日　　申报流水号

纳税人税务登记号 [　　]　　税费所属期 [　年　月　日至　年　月　日]

纳税人电脑编码 [　　]　　管理机关 [　　]

正常申报□ 自行补报□ 稽查自查申报□ 延期申报预缴□　　单位：元（列至角分）

纳税人名称（盖章）	湖北楚天机械有限责任公司	注册地址		注册类型			
开户银行	工商银行东湖支行	账号	128333333388888	联系电话		邮政编码	
征收品目	计税金额（计税数量）	税率（单位税额）	应纳税额	贴花情况			
				上期结存	本期购进	本期贴花	本期结存
购销合同	12 500 000	0.3‰	3 750				
加工承揽合同		0.5‰					
建设工程勘察设计合同		0.5‰					
建筑安装工程承包合同		0.3‰					
财产租赁合同		1‰					
货物运输合同		0.5‰					
仓储保管合同		1‰					
借款合同	5 000 000	0.05‰	250				
财产保险合同		1‰					
技术合同		0.3‰					
产权转移书据		0.5‰					
营业账簿		5 元					
资金账簿		0.5‰					
权利、许可证照		5 元					
合 计			4 000.00				

税务机关填写	受理申报日期：　年　月　日 受理人签名：	审核日期：　年　月　日 审核人签名：	录入日期：　年　月　日 录入员签名：

表 33-2

<table>
<tr><td colspan="3">转账日期：2011 年 12 月 11 日</td></tr>
<tr><td colspan="3">纳税人全称及纳税人识别号：湖北楚天机械有限责任公司 420044444466666</td></tr>
<tr><td colspan="3">付款人全称：湖北楚天机械有限责任公司</td></tr>
<tr><td>付款人账号：128333333388888</td><td colspan="2">征收机关名称：东湖地税</td></tr>
<tr><td>付款人开户银行：工商银行</td><td colspan="2">收款国库(银行)名称：</td></tr>
<tr><td>小写(合计)金额：4 000.00</td><td colspan="2">缴款书交易流水号：</td></tr>
<tr><td>大写(合计)金额：肆仟元整</td><td colspan="2">税票号码：</td></tr>
<tr><td>税(费)种名称</td><td>所属时期</td><td>实缴金额</td></tr>
<tr><td>印花税</td><td></td><td>4 000.00</td></tr>
</table>

表 34-1

商业承兑汇票 2

出票日期(大写)：贰零壹壹年壹拾贰月壹拾贰日　　　　汇票号码

<table>
<tr><td rowspan="3">付款人</td><td>全　称</td><td>湖北长青公司</td><td rowspan="3">收款人</td><td>全　称</td><td>湖北楚天机械有限责任公司</td></tr>
<tr><td>账　号</td><td>425151535455560</td><td>账　号</td><td>128333333388888</td></tr>
<tr><td>开户银行</td><td>工商银行</td><td>开户银行</td><td>工商银行东湖支行</td></tr>
<tr><td colspan="2">出票金额</td><td colspan="3">人民币(大写)壹佰伍拾玖万壹仟贰佰元整</td><td>千 百 十 万 千 百 十 元 角 分
¥ 1 5 9 1 2 0 0 0 0</td></tr>
<tr><td colspan="2">汇票到期日(大写)</td><td>贰零壹贰年零叁月壹拾贰日</td><td rowspan="2" colspan="2">付款人开户行</td><td>行号</td></tr>
<tr><td colspan="2">交易合同号码</td><td></td><td>地址</td></tr>
<tr><td colspan="3">本汇票已经承兑，到期无条件支付货款。
承兑人签章
承兑日期：2011 年 12 月 12 日</td><td colspan="3">本汇票请予以承兑于到期日付款。
出票人签章</td></tr>
</table>

此联随托收凭证寄付款人开户行

表 34-2(要求自制)

4200093650 **湖北增值税专用发票** NO. 00235201

此联不作报销、扣税凭证使用

开票日期:2011 年 12 月 12 日

购货单位	名称:湖北长青公司 纳税人识别号:421523686896045 地址、电话:武汉民生大道 开户行及账号:工商银行 425151535455560			密码区			
货物或应税劳务名称	规格型号	单位	数量	单价	金额	税率	税额
丙产品							
合计							
价税合计(大写)	人民币				(小写)¥		
销货单位	名称:湖北楚天机械有限责任公司 纳税人识别号:420044444466666 地址、电话:武汉市武汉大道 128 号 开户行及账号:工行 128333333388888			备注			

收款人: 复核: 开票人: 销货单位:(章)

第一联 记账联 销货方记账凭证

表 34-3(要求自制)

产品出库单

编号

编号	名称规格	单位	数量	发出时间	购买单位
合计					

会计主管: 仓库主管: 仓库保管: 经发: 制单:

表 35-1

建筑业统一发票

发票联

发票代码：

开票日期 2011 年 12 月 12 日

发票号码：

机打代码 机打号码 机器编号			密 码 区		
付款方名称	湖北楚天机械有限责任公司	身份证号/组织机构代码/纳税人识别号	420044444466666	是否为总承包人	
收款方名称	百姓装修公司	身份证号/组织机构代码/纳税人识别号	421678787878555	是否为分承包人	
工程项目名称	工程项目编号		结算项目	金额	完税凭证代码（代扣代缴税款）
修理费				20 000.00	
合计金额大写	人民币贰万元整				
备注			主管税务机关代码		

第一联 发票联 付款方付款凭证

开票人　　　　单位盖章

表 35-2

工商银行
转账支票存根

30804230
90252067

附加信息：

出票日期：2011 年 12 月 12 日

收款人：	
金　额：	20 000.00
用　途：	修理费

单位主管　　　　会计

表 35-3

湖北楚天机械有限责任公司费用报销单

填报人		部 别		日期	2011 年 12 月 12 日
费用类型	填 报 说 明				
修理费					
金 额	仟 佰⊗拾贰万零仟零佰零拾零元零角零分 ¥20 000.00				
原支款		应付(退)款		财务审核人	
批准人		部门负责人		财务负责人	

附单据 张

表 36-1

中国工商银行现金支票存根	本支票付款期限十天	中国工商银行现金支票
支票号码 945462 附加信息 出票日期 2011 年 12 月 12 日 收款人： 金额：48 830.00 用途：业务宣传费 单位主管 会计		支票号码 945462 出票日期(大写)贰零壹壹年壹拾贰月壹拾贰日 付款行名称 收款人： 出票人账号 人民币(大写)肆万捌仟捌佰叁拾元整 亿千百十万千百十元角分 ¥4883000 用途 上列款项请从 我账户内支付 签章 复核 记账

表 36-2

湖北楚天机械有限责任公司费用报销单

填报人		部 别		日 期	2011 年 12 月 12 日
费用类型	填 报 说 明				
金 额	仟 佰⊗拾肆万捌仟捌佰叁拾零元零角零分				¥48 830.00
原支款		应付(退)款		财务审核人	
批准人		部门负责人		财务负责人	

附单据 张

表 37-1

中国工商银行
现金支票存根

支票号码 945463

附加信息

______

______

______

出票日期 2011 年 12 月 12 日

收款人：
金额：77 244.00
用途：招待费

单位主管 会计

本支票付款期限十天

中国工商银行现金支票

支票号码 945463

出票日期(大写)贰零壹壹年壹拾贰月壹拾贰日 付款行名称

收款人： 出票人账号

人民币(大写)柒万柒仟贰佰肆拾肆元整	亿	千	百	十	万	千	百	十	元	角	分
				¥	7	7	2	4	4	0	0

用途______

上列款项请从

我账户内支付

签章 复核 记账

表 37-2

湖北楚天机械有限责任公司费用报销单

填报人		部别		日期	2011 年 12 月 12 日
费用类型	填报说明				
金额	仟 佰⊗拾柒万柒仟贰佰肆拾肆元零角零分				￥77 244.00
原支款		应付(退)款		财务审核人	
批准人		部门负责人		财务负责人	

附单据 张

表 38-1

中国工商银行现金支票存根	本支票付款期限十天	中国工商银行现金支票
支票号码 945464		支票号码 945464
附加信息		出票日期(大写)贰零壹壹年壹拾贰月壹拾叁日 付款行名称
		收款人： 出票人账号
出票日期 2011 年 12 月 13 日		人民币(大写)叁仟元整 亿 千 百 十 万 千 百 十 元 角 分 ￥ 3 0 0 0 0 0
收款人：		用途
金额：3 000.00		
用途：物业费		上列款项请从 我账户内支付
单位主管 会计		签章 复核 记账

表 38-2

湖北楚天机械有限责任公司费用报销单

填报人		部 别		日 期	2011 年 12 月 13 日
费用类型	填 报 说 明				
金 额	仟 佰 拾⊗万叁仟零佰零拾零元零角零分				￥3 000.00
原支款		应付(退)款		财务审核人	
批准人		部门负责人		财务负责人	

附单据 张

表 39-1

中国工商银行 现金支票存根	本支票付款期限十天	中国工商银行现金支票
支票号码 945465 附加信息 出票日期 2011 年 12 月 14 日 收款人： 金额：33 085.00 用途：电话费 单位主管 会计		支票号码 945465 出票日期(大写)贰零壹壹年壹拾贰月壹拾肆日 付款行名称 收款人： 出票人账号 人民币(大写)叁万叁仟零捌拾伍元整 亿 千 百 十 万 千 百 十 元 角 分 ￥ 3 3 0 8 5 0 0 用途 上列款项请从 我账户内支付 签章 复核 记账

表 39-2

湖北楚天机械有限责任公司费用报销单

填报人		部别		日期	2011年12月14日
费用类型	填报说明				
金额	仟 佰⊗拾叁万叁仟零佰捌拾伍元零角零分				¥33 085.00
原支款		应付(退)款		财务审核人	
批准人		部门负责人		财务负责人	

附单据 张

表 39-3

电信通信业统一发票

发票代码：

客户：湖北楚天机械有限责任公司 2011年12月14日 发票号码：

项目	数量	单位	单价	金额						
				万	千	百	十	元	角	分
电话费				3	0	0	0	0	0	0
上网费					3	0	8	5	0	0
合计				3	3	0	8	5	0	0
合计人民币(大写)			叁万叁仟零捌拾伍元整							

第二联 报销凭证

收款单位盖章 收款人 开票人

表 40-1(要求自制)

4200093550

湖北增值税专用发票

NO. 00235208

此联不作报销、扣税凭证使用

开票日期:2011 年 12 月 15 日

<table>
<tr><td rowspan="4">购货单位</td><td colspan="4">名　　称:湖北强盛公司
纳税人识别号:421313875632107
地 址 、电 话:武汉 027-84546412
开户行及账号:工行 123484849464231</td><td>密码区</td><td colspan="4"></td></tr>
<tr><td colspan="2">货物或应税劳务名称</td><td>规格型号</td><td>单位</td><td>数量</td><td>单价</td><td>金额</td><td>税率</td><td>税额</td></tr>
<tr><td colspan="2">丙产品</td><td></td><td></td><td></td><td></td><td></td><td></td><td></td></tr>
<tr><td colspan="2">合　计</td><td></td><td></td><td></td><td></td><td></td><td></td><td></td></tr>
<tr><td colspan="3">价税合计(大写)</td><td colspan="7">人民币　　　　　　　　　　(小写)¥</td></tr>
<tr><td>销货单位</td><td colspan="4">名　　称:湖北楚天机械有限责任公司
纳税人识别号:420044444466666
地 址 、电 话:武汉市武汉大道 128 号
开户行及账号:工行 128333333388888</td><td>备注</td><td colspan="4"></td></tr>
</table>

收款人:　　复核:　　开票人:　　销货单位:(章)

第一联 记账联 销货方记账凭证

表 40-2

中国工商银行进账单

2011 年 12 月 15 日　　第　　号

<table>
<tr><td rowspan="3">出票人</td><td>全　称</td><td>湖北强盛公司</td><td rowspan="3">持票人</td><td>全　称</td><td colspan="10">湖北楚天机械有限责任公司</td></tr>
<tr><td>账　号</td><td>123484849464231</td><td>账　号</td><td colspan="10">128333333388888</td></tr>
<tr><td>开户银行</td><td>工商银行</td><td>开户银行</td><td colspan="10">工商银行东湖支行</td></tr>
<tr><td colspan="5">人民币(大写)叁佰壹拾捌万贰仟肆佰元整</td><td>千</td><td>百</td><td>十</td><td>万</td><td>千</td><td>百</td><td>十</td><td>元</td><td>角</td><td>分</td></tr>
<tr><td colspan="5">票据种类</td><td>¥</td><td>3</td><td>1</td><td>8</td><td>2</td><td>4</td><td>0</td><td>0</td><td>0</td><td>0</td></tr>
<tr><td colspan="3">票据张数</td><td colspan="12" rowspan="2">收款单位开户行盖章</td></tr>
<tr><td colspan="3">单位主管　会计　复核　记账</td></tr>
</table>

开户行给持票人的收账通知

表 40-3(要求自制)

产品出库单

编号

编 号	名称规格	单 位	数 量	发出时间	购买单位
合 计					

会计主管： 仓库主管： 仓库保管： 经发： 制单：

表 41-1

工商银行
转账支票存根

30804230
90252068

附加信息：

出票日期：2011 年 12 月 15 日

收款人：诚信广告公司	
金 额：81 495.00	
用 途：广告费	

单位主管 会计

表 41-2

湖北省地方税收通用发票(电子)

发 票 联

电子发票 手写无效

发票代码 000000000000

发票号码 00000000

代码区		二维码	
查询码			
付款方名称	湖北楚天机械有限责任公司	身份证号/组织机构代码/纳税人识别号	420044444466666
收款方名称	诚信广告公司	身份证号/组织机构代码/纳税人识别号	425689858284123
项 目		金 额	备 注
		81 495.00	
合计金额(元)(大写)	人民币捌万壹仟肆佰玖拾伍元整		
000000000000 NO 01450588		主管税务机关及代码	武汉地税

第一联 发票联 付款方付款凭证

开票人： 开票单位签章： 开票日期：2011 年 12 月 15 日

表 41-3

湖北楚天机械有限责任公司费用报销单

填报人		部 别		日 期	2011 年 12 月 15 日
费用类型	填 报 说 明				
金 额	仟 佰⊗拾捌万壹仟肆佰玖拾伍元零角零分				￥81 495.00
原支款		应付(退)款		财务审核人	
批准人		部门负责人		财务负责人	

附单据 张

表 42-1

湖北省汽车维修业统一发票

发票联　　发票代码：

客户：湖北楚天机械有限责任公司　2011 年 12 月 15 日　　发票号码：

项目	数量	单位	单价	金额 万	千	百	十	元	角	分	备注
材料配件费					2	0	0	0	0	0	
修理工时费					1	0	0	0	0	0	
合计				¥	3	0	0	0	0	0	
合计人民币（大写）			⊗万叁仟零佰零拾零元零角零分								

发票联

收款单位盖章　　收款人　　开票人

表 42-2

工商银行
转账支票存根

30804230
90252069

附加信息：

出票日期：2011 年 12 月 15 日

收款人：	便利修配
金　额：	3 000.00
用　途：	修理费

单位主管　　会计

表 42-3

湖北楚天机械有限责任公司费用报销单

填报人		部 别		日 期	2011 年 12 月 15 日
费用类型	填 报 说 明				
金 额	仟 佰 拾⊗万叁仟零佰零拾零元零角零分 ￥3 000.00				
原支款		应付(退)款		财务审核人	
批准人		部门负责人		财务负责人	

附单据　　张

表 43-1

股东投资协议书

甲方：湖北楚天机械有限责任公司

乙方：湖北机电有限责任公司

经上述各方股东充分协商，就投资设立汉江机械有限责任公司(下称公司)事宜，达成如下协议：

一、拟设立的公司名称、经营范围、注册资本、法定地址、法定代表人

1. 公司名称：汉江机械有限责任公司

2. 经营范围：机械加工

3. 注册资本：375 万元

4. 法定地址：湖北武汉

5. 法定代表人：郝运

二、出资方式及占股比例

甲方以货币作为出资，出资额150 万元人民币，占公司注册资本的40%；

乙方以货币作为出资，出资额225 万元人民币，占公司注册资本的60%；

三、其他约定

1. 成立公司筹备组，成员由各方股东派员组成，出任法人代表一方的股东代表为组长，组织起草申办设立公司的各类文件；

2. 出任法人代表一方的股东先行垫付筹办费用，公司设立后该费用由公司承担；

3. 上述各方股东委托出任法人代表方代理申办公司的各项注册事宜；

4. 本协议自各方股东签字盖章之日起生效。一式两份，各方股东各执一份，以便共同遵守。

甲方(盖章)：湖北楚天机械有限责任公司
代表人(签字)：王海
2009 年 12 月 25 日

乙方(盖章)：湖北机电有限责任公司
代表人(签字)：李刚
2009 年 12 月 25 日

表 43-2

合营企业(汉江机械有限责任公司)2011 年分配上年股利	2011 年分红总额 25 万元。湖北楚天机械有限责任公司 2011 年实际分得现金股利 10 万元。

表 43-3

中国工商银行进账单

2011 年 12 月 15 日　　　　第　　号

出票人	全　称	汉江机械有限责任公司	持票人	全　称	湖北楚天机械有限责任公司
	账　号	128355533388884		账　号	128333333388888
	开户银行	工商银行北湖支行		开户银行	工商银行东湖支行

	千	百	十	万	千	百	十	元	角	分
人民币(大写)壹拾万元整										
票据种类		¥	1	0	0	0	0	0	0	0

票据张数	收款单位开户行盖章
单位主管　　会计　　复核　　记账	

开户行给持票人的收账通知

表 44-1

开具红字增值税专用发票申请单

销售方	名 称	湖北楚天机械有限责任公司	购买方	名 称	西北公司
	税务登记代码	420044444466666		税务登记代码	420044777466654

	货物(劳务)名称	单价	数量	金额	税额
开具红字专用发票内容				7 196.00	1 223.32
	合计	—	—	7 196.00	1 223.32

说明	对应蓝字专用发票抵扣增值税销项税额情况： 已抵扣□ 未抵扣□ 纳税人识别号认证不符□专用发票代码、号码认证不符□ 对应蓝字专用发票密码区内打印的代码：　　　　号码： 开具红字专用发票理由：发生销售折让

注：加“□”表示红字，下同。

表 44-2

开具红字增值税专用发票通知单

填开日期：2011 年 12 月 15 日　　　　NO.

销售方	名称	湖北楚天机械有限责任公司	购买方	名称	西北公司
	税务登记代码	420044444466666		税务登记代码	420044777466654

开具红字专用发票内容	货物(劳务)名称	单价	数量	金额	税额
				7 196.00	1 223.32
	合计	—	—	7 196.00	1 223.32
说明	需要作进项税额转出□ 不需要作进项税额转出□ 纳税人识别号认证不符□ 专用发票代码、号码认证不符□ 对应蓝字专用发票密码区内打印的代码：　　号码： 开具红字专用发票理由：发生销售折让				

经办人：　　　　负责人：　　　　主管税务机关名称(印章)：

注：1. 本通知单一式三联：第一联，购买方主管税务机关留存；第二联，购买方送交销售方留存；第三联，购买方留存。

2. 通知单应与申请单一一对应。

3. 销售方应在开具红字专用发票后到主管税务机关进行核销。

表 44-3

4200093552

湖北增值税专用发票

NO. 00235210

此联不作报销、扣税凭证使用

开票日期：2011 年 12 月 15 日

购货单位	名　　称：西北公司 纳税人识别号：420044777466654 地 址 、电 话：郑州黄河大道 开户行及账号：工行 127896321123125				密码区		
货物或应税劳务名称	规格型号	单位	数量	单价	金额	税率	税额
					7 196.00	17%	1 223.32
合　计					7 196.00		1 223.32
价税合计(大写)	人民币 捌仟肆佰壹拾玖元叁角贰分				(小写)¥ 8 419.32		
销货单位	名　　称：湖北楚天机械有限责任公司 纳税人识别号：420044444466666 地 址 、电 话：武汉市武汉大道 128 号 开户行及账号：工行 128333333388888				备注		

收款人：　　　　复核：　　　　开票人：　　　　销货单位：(章)

第一联 记账联 销货方记账凭证

表 45-1(要求自制)

2011 年 11 月增值税纳税申报表(适用于一般纳税人)

项目		栏次	本月数
销售额	(一)按适用税率征税货物及劳务销售额	1	
	其中:应税货物销售额	2	
	应税劳务销售额	3	
	纳税检查调整的销售额	4	
	(二)按简易征收办法征税货物销售额	5	
	其中:纳税检查调整的销售额	6	
	(三)免、抵、退办法出口货物销售额	7	
	(四)免税货物及劳务销售额	8	
	其中:免税货物销售额	9	
	免税劳务销售额	10	
税款计算	销项税额	11	
	进项税额	12	
	上期留抵税额	13	
	进项税额转出	14	
	免、抵、退货物应退税额	15	
	按适用税率计算的纳税检查应补缴税额	16	
	应抵扣税额合计	17=12+13-14-15+16	
	实际抵扣税额	18(如 17<11,则为 17,否则为 11)	
	应纳税额	19=11-18	
	期末留抵税额	20=17-18	
	按简易征收办法计算的应纳税额	21	
	按简易征收办法计算的纳税检查应补缴税额	22	
	应纳税额减征额	23	
	应纳税额合计	24=19+21-23	
税款缴纳	期初未缴税额(多缴为负数)	25	
	实收出口开具专用缴款书退税额	26	
	本期已缴税额	27=28+29+30+31	
	①分次预缴税额	28	
	②出口开具专用缴款书预缴税额	29	
	③本期缴纳上期应纳税额	30	
	④本期缴纳欠缴税额	31	
	期末未缴税额(多缴为负数)	32=24+25+26-27	
	其中:欠缴税额(≥0)	33=25+26-27	
	本期应补(退)税额	34=24-28-29	
	即征即退实际退税额	35	
	期初未缴查补税额	36	
	本期入库查补税额	37	
	期末未缴查补税额	38=16+22+36-37	

表 45-2

增值税纳税申报表附列资料

增值税纳税申报表附列资料（表一）	本期销售情况明细	一、按适用税率征收增值税货物及劳务的销售额和销项税额明细 二、按简易征收办法征收增值税货物的销售额和应纳税额明细 三、免征增值税货物及劳务销售额明细
增值税纳税申报表附列资料（表二）	本期进项税额明细	一、申报抵扣的进项税额 二、进项税额转出额 三、待抵扣进项税额 四、其他
增值税纳税申报表附列资料（表三）	防伪税控增值税专用发票申报抵扣明细	一、本期认证相符且本期申报抵扣 二、前期认证相符且本期申报抵扣
增值税纳税申报表附列资料（表四）	防伪税控增值税专用发票存根联明细	发票代码；发票号码；开票日期；购货方纳税人识别号；金额；税额

表 45-3

转账日期：2011 年 12 月 15 日		
纳税人全称及纳税人识别号：湖北楚天机械有限责任公司 420044444466666		
付款人全称：湖北楚天机械有限责任公司		
付款人账号：128333333388888	征收机关名称：东湖国税	
付款人开户银行：工商银行	收款国库（银行）名称：	
小写（合计）金额：301 100.00	缴款书交易流水号：	
大写（合计）金额：叁拾万零壹仟壹佰元整	税票号码：	
税（费）种名称	所属时期	实缴金额
增值税	20111101-20111130	301 100.00

表 45-4

转账日期：2011 年 12 月 15 日		
纳税人全称及纳税人识别号：湖北楚天机械有限责任公司 420044444466666		
付款人全称：湖北楚天机械有限责任公司		
付款人账号：128333333388888	征收机关名称：东湖地税	
付款人开户银行：工商银行	收款国库（银行）名称：	
小写（合计）金额：30 110	缴款书交易流水号：	
大写（合计）金额：叁万零壹仟壹佰元整	税票号码：	
税（费）种名称	所属时期	实缴金额
城市维护建设税	20111101-20111130	21 077.00
教育费附加	20111101-20111130	9 033.00

表 45-5(要求自制)

附加税(费)纳税申报表

纳税人识别号 4 2 0 0 4 4 4 4 4 4 6 6 6 6 6

纳税人名称:(公章)

税款所属期限:自 2011 年 11 月 1 日至 2011 年 11 月 30 日

填表日期:2011 年 12 月 15 日　　　　金额单位:元(列至角分)

<table>
<tr><td colspan="2" rowspan="2">计税依据(计征依据)</td><td>计税金额</td><td>税率
(征收率)</td><td>本期应纳税额</td><td>本期已缴税额</td><td>本期应补(退)税额</td></tr>
<tr><td>1</td><td>2</td><td>3=1×2</td><td>4</td><td>5=3−4</td></tr>
<tr><td rowspan="4">城市维护建设税</td><td>增值税</td><td></td><td>7%</td><td></td><td></td><td></td></tr>
<tr><td>消费税</td><td></td><td>7%</td><td></td><td></td><td></td></tr>
<tr><td>营业税</td><td></td><td>7%</td><td></td><td></td><td></td></tr>
<tr><td>合计</td><td></td><td>—</td><td></td><td></td><td></td></tr>
<tr><td rowspan="4">教育费附加</td><td>增值税</td><td></td><td>3%</td><td></td><td></td><td></td></tr>
<tr><td>消费税</td><td></td><td>3%</td><td></td><td></td><td></td></tr>
<tr><td>营业税</td><td></td><td>3%</td><td></td><td></td><td></td></tr>
<tr><td>合计</td><td></td><td>—</td><td></td><td></td><td></td></tr>
<tr><td rowspan="4">地方教育附加</td><td>增值税</td><td></td><td>1%</td><td></td><td></td><td></td></tr>
<tr><td>消费税</td><td></td><td>1%</td><td></td><td></td><td></td></tr>
<tr><td>营业税</td><td></td><td>1%</td><td></td><td></td><td></td></tr>
<tr><td>合计</td><td></td><td>—</td><td></td><td></td><td></td></tr>
</table>

<table>
<tr><td rowspan="6">纳税人或代理人声明:
此纳税申报表是根据国家税收法律的规定填报的,我确信它是真实的、可靠的、完整的。</td><td colspan="6">如纳税人填报,由纳税人填写以下各栏</td></tr>
<tr><td>经办人(签章)</td><td></td><td>会计主管(签章)</td><td>王芳</td><td>法定代表人(签章)</td><td>王海</td></tr>
<tr><td colspan="6">如委托代理人填报,由代理人填写以下各栏</td></tr>
<tr><td>代理人名称</td><td colspan="4"></td><td rowspan="3">代理人(公章)</td></tr>
<tr><td>经办人(签章)</td><td colspan="4"></td></tr>
<tr><td>联系电话</td><td colspan="4"></td></tr>
</table>

表 46-1(要求自制)

中华人民共和国企业所得税月(季)度预缴纳税申报表(A类)

所属期限 2011 年 11 月

行次	项目		本期金额	累计金额
1	一、按照实际利润额预缴			
2	营业收入			
3	营业成本			
4	利润总额			
5	加:特定业务计算的应纳税所得额			
6	减:不征税收入			
7	免税收入			
8	弥补以前年度亏损			
9	实际利润额(4 行+5 行-6 行-7 行-8 行)			
10	税率(25%)			
11	应纳所得税额			
12	减:减免所得税额			
13	实际已预缴所得税额			
14	特定业务预缴(征)所得税额		—	
15	应补(退)所得税额(11 行-12 行-13 行-14 行)		—	
16	减:以前年度多缴在本期抵缴所得税额			
17	本期实际应补(退)所得税额		—	
18	二、按照上一纳税年度应纳税所得额的平均额预缴			
19	上一纳税年度应纳税所得额		—	
20	本月(季)应纳税所得额(19 行÷12)或(19 行÷4)			
21	税率(25%)			
22	本月(季)应纳所得税额(20 行×21 行)			
23	三、按照税务机关确定的其他方法预缴			
24	本月(季)确定预缴的所得税额			
25	总分机构纳税人			
26	总机构	总机构应分摊所得税额		
27		财政集中分配所得税额		
28		分支机构应分摊所得税额		
29		其中:总机构独立经营部门应分摊所得税额		
30		总机构已撤销分支机构应分摊所得税额		
31	分支机构	分配比例		
32		分配所得税额		

谨声明:此纳税申报表是根据《中华人民共和国企业所得税法》、《中华人民共和国企业所得税法实施条例》和国家有关税收规定填报的,是真实的、可靠的、完整的。

法定代表人(签字):　　　　年　　月　　日

表 46-2

转账日期：2011 年 12 月 15 日		
纳税人全称及纳税人识别号：湖北楚天机械有限责任公司 420044444466666		
付款人全称：湖北楚天机械有限责任公司		
付款人账号：128333333388888	征收机关名称：	
付款人开户银行：工商银行东湖支行	收款国库(银行)名称：	
小写(合计)金额：100 000.00	缴款书交易流水号：	
大写(合计)金额：壹拾万元整	税票号码：	
税(费)种名称	所属时期	实缴金额
企业所得税	20111101-20111130	100 000.00

表 47-1

固定资产清理报废单

2011 年 12 月 15 日

主管部门				使用单位			
名称及型号	单位	数量	原值	已提折旧	预计净残值	预计使用年限	实际使用年限
加工设备			20 万元	18 万元			
制造单位				出厂日期			
申请报废原因				批准签字		盖章	

表 47-2

湖北楚天机械有限责任公司领款单

2011 年 12 月 15 日

填报部门					
领款事由	清理费用				
今领到人民币(大写) 仟 佰 拾⊗万贰仟零佰零拾零元零角零分					¥2 000.00
备注					
批准人		财务负责人		领款人	

附单据 张

表 47-3

工商银行
转账支票存根

30804230
90252070

附加信息：

出票日期：2011 年 12 月 15 日

收款人：	湖北劳务公司
金　额：	2 000.00
用　途：	支付清理费用

单位主管　　　　会计

表 47-4

统一收据

2011 年 12 月 15 日

交款单位(人)武汉废旧物品回收公司								
交款事由：残值变价收入	金额							
	十	万	千	百	十	元	角	分
	¥	1	7	1	7	8	4	2
合计人民币(大写)壹万柒仟壹佰柒拾捌元肆角贰分								
收款单位：湖北楚天机械有限责任公司								

第二联 收款单位记账联

表 47-5

中国工商银行现金缴款单

2011 年 12 月 15 日　　　　第　　号

收款人	全称	湖北楚天机械有限责任公司	开户银行	工商银行东湖支行
	账号	128333333388888	款项来源	残值收入

十	万	千	百	十	元	角	分
¥	1	7	1	7	8	4	2

票面	张数	十	万	千	百	十	元	角	分	票面	张数	百	十	元	角	分	
壹佰元										伍角							收款银行盖章
伍拾元										贰角							
拾元										壹角							
伍元										伍分							收银员 复核员
贰元										贰分							
壹元										壹分							

财务主管　　　　会计　　　　收款人　　　　经手人

表 47-6

固定资产清理损益计算表

原值	折旧	净值	赔偿	清理费用	残值收入
20 万元	18 万元	2 万元		2 000.00 元	17 178.42 元
营业外收入	人民币大写：				小写：
营业外支出	人民币大写：肆仟捌佰贰拾壹元伍角捌分				小写：¥4 821.58

表 48-1

工商银行
转账支票存根

30804230
90252071

附加信息：________________

出票日期：2011 年 12 月 16 日

收款人：
金　额：5 690.00
用　途：排污费

单位主管　　　　会计

表 48-2

湖北省非税收入票据

付款人： 2011 年 12 月 16 日 0006448

收入项目	项目编号	数　量	征收标准	金　额
代收污水处理费	0620103773	71 125	0.08	5 690.00
起码：　止码：				
合计金额(大写)	人民币伍仟陆佰玖拾元整			
备注				

第一联 收据联

财务专用章　　开票人：　　收款人：

表 48-3

湖北楚天机械有限责任公司费用报销单

填报人		部 别		日 期	2011 年 12 月 16 日
费用类型	填 报 说 明				
金 额	仟　佰　拾⊗万伍仟陆佰玖拾零元零角零分　¥5 690.00				
原支款		应付(退)款		财务审核人	
批准人		部门负责人		财务负责人	

附单据　　张

表 49-1

工商银行
转账支票存根

30804230
90252072

附加信息：

出票日期：2011 年 12 月 16 日

收款人：	长江会计师事务所
金　额：	20 000.00
用　途：	审计费

单位主管　　会计

表 49-2

湖北省地方税收通用发票(电子)

发 票 联

电子发票 手写无效

发票代码 000000000001

发票号码 00000009

代码区		二维码		
查询码				
付款方名称	湖北楚天机械有限责任公司	身份证号/组织机构代码/纳税人识别号		420044444466666
收款方名称	长江会计师事务所	身份证号/组织机构代码/纳税人识别号		421500036363600
项　目		金 额		备 注
审计费		20 000.00		
合计金额(元)(大写)	人民币贰万元整			
000000000000 NO		主管税务机关及代码	武汉地税	

第一联 发票联 付款方付款凭证

开票人：　　开票单位签章：　　开票日期：2011 年 12 月 16 日

表 49-3

湖北楚天机械有限责任公司费用报销单

填报人		部 别		日 期	2011 年 12 月 16 日
费用类型	填 报 说 明				
金 额	仟　佰⊗拾贰万零仟零佰零拾零元零角零分　¥20 000.00				
原支款		应付(退)款		财务审核人	
批准人		部门负责人		财务负责人	

附单据　1　张

表 50-1

中国石化股份有限公司湖北石油分公司发票

全国统一发票监制章

发票联

发票代码:142011161038

发票号码:06825847

客户名称:

开票日期:2011 年 12 月 16 日　　　　收款员:刘念

品名	单价	数量	金额
93 号乙醇汽油	7.45		2 400.00

金额合计:¥2 400.00

人民币大写:贰仟肆佰元整

收款单位:中石化湖北石油分公司武汉汉街加油站

加油站编号:31000056

发票号码:06825847

收款机号码:999100001390　　　　收款单位盖章

表 50-2

湖北楚天机械有限责任公司费用报销单

填报人		部 别		日 期	2011 年 12 月 16 日
费用类型	填 报 说 明				
金 额	仟 佰 拾⊗万贰仟肆佰零拾零元零角零分 ¥2 400.00				
原支款		应付(退)款		财务审核人	
批准人		部门负责人		财务负责人	

附单据　　张

表 50-3

中国工商银行
现金支票存根

支票号码 945466

附加信息

出票日期 2011 年 12 月 16 日

收款人:
金额:2 400.00
用途:

单位主管 会计

本支票付款期限十天

中国工商银行**现金支票**

支票号码 945466

出票日期(大写)贰零壹壹年壹拾贰月壹拾陆日 付款行名称

收款人: 出票人账号

人民币(大写)	亿	千	百	十	万	千	百	十	元	角	分
贰仟肆佰元整					¥	2	4	0	0	0	0

用途________________

上列款项请从
我账户内支付
签章 复核 记账

表 51-1

4200093551 **湖北增值税专用发票** NO. 00235209

此联不作报销、扣税凭证使用

开票日期:2011 年 12 月 17 日

购货单位	名　　称:湖北大发公司 纳税人识别号:420044445566780 地址、电话:武汉市发展大道 开户行及账号:工行 128333663388635			密码区			
货物或应税劳务名称	规格型号	单位	数量	单价	金额	税率	税额
丁产品			1 000	2 340.00	2 340 000.00	17%	397 800.00
合　计					2 340 000.00		397 800.00
价税合计(大写)	人民币贰佰柒拾叁万柒仟捌佰元整　(小写)¥2 737 800.00						
销货单位	名　　称:湖北楚天机械有限责任公司 纳税人识别号:420044444466666 地址、电话:武汉市武汉大道 128 号 开户行及账号:工行 128333333388888			备注			

第一联 记账联 销货方记账凭证

收款人: 复核: 开票人: 销货单位:(章)

表 51-2

托收凭证(受理回单)

委托日期 2011 年 12 月 17 日

业务类型	委托收款(邮汇,电汇)		托收承付(邮汇,电汇)		
付款人	全称	湖北大发公司	收款人	全称	湖北楚天机械有限责任公司
	账号	128333663388635		账号	128333333388888
	地址	武汉市发展大道		地址	武汉市武汉大道 128 号
金额	人民币(大写)贰佰柒拾肆万贰仟捌佰元整			亿千百十万千百十元角分	¥274280000
款项内容		托收凭据名称		附寄单证张数	
商品发运情况				合同名称号码	
备注 复核 记账		款项收妥日期 年 月 日		收款人开户银行签章 年 月 日	

收款人开户银行给收款人的受理回单

表 51-3

产品出库单

编号

编号	名称规格	单位	数量	发出时间	购买单位
丁产品		件	1 000	12 月 17 日	湖北大发公司
合计					

会计主管: 仓库主管: 仓库保管: 经发: 制单:

表 51-4

工商银行
转账支票存根

30804230
90252073

附加信息:

出票日期:2011 年 12 月 17 日

收款人:	武汉铁路局
金 额:	5 000.00
用 途:	代垫运费

单位主管 会计

表 52(要求自制)

账存实存对比表

编制单位　　　　2011 年 12 月 18 日　　　　第　　页

序号	名称	规格	单位	单价	实存		账存		对比结果				备注
									盘盈		盘亏		
					数量	金额	数量	金额	数量	金额	数量	金额	
1	D												

单位主管：　　　　主管会计：　　　　制表：

表 53

账存实存对比表

编制单位　　　　2011 年 12 月 18 日　　　　第　　页

序号	名称	规格	单位	单价	实存		账存		对比结果				备注
									盘盈		盘亏		
					数量	金额	数量	金额	数量	金额	数量	金额	
1	丁产品		件								1	1 728	

单位主管：　　　　主管会计：　　　　制表：

表 54

现金盘点报告表

单位　　　　2011 年 12 月 18 日

实存金额	账存金额	实存账存对比		备注
		盘盈	盘亏	
			200.00	

盘点人签章：　　　　出纳签章：

表 55-1

红十字会统一收据

2011 年 12 月 19 日

	金额								
交款单位(人)湖北楚天机械有限责任公司									
交款事由：捐赠	百	十	万	千	百	十	元	角	分
	¥	2	4	3	0	0	0	0	0
合计人民币(大写)贰拾肆万叁仟元整									
收款单位：武汉红十字会									

第一联 付款单位记账联

财务主管　　会计　　收款人 郭美　　经手人

表 55-2

中国工商银行现金支票存根	本支票付款期限十天	中国工商银行现金支票
支票号码 945467 附加信息 出票日期 2011 年 12 月 19 日 收款人： 金额：243 000.00 用途：捐赠 单位主管　　会计		支票号码 945467 出票日期(大写)贰零壹壹年壹拾贰月壹拾玖日 付款行名称 收款人：　　出票人账号 人民币(大写)贰拾肆万叁仟元整　亿 千 百 十 万 千 百 十 元 角 分：¥ 2 4 3 0 0 0 0 0 用途 上列款项请从 我账户内支付 签章　　复核　　记账

表 56

托收凭证(付款通知)

委托日期 2011 年 12 月 19 日

业务类型	委托收款(邮汇,电汇)		托收承付(邮汇,电汇)		
付款人	全称	湖北楚天机械有限责任公司	收款人	全称	华南公司
	账号	128333333388888		账号	662325252521300
	地址	武汉市武汉大道 128 号		地址	广西南宁
金额	人民币(大写)叁拾伍万贰仟元整			亿千百十万千百十元角分	¥35200000
款项内容		托收凭据名称		附寄单证张数	
商品发运情况				合同名称号码	
备注 复核 记账		付款人注意: 收款人开户银行签章 年 月 日			

付款人开户银行给付款人的付款通知

表 57-1

房产税纳税申报表

税款所属时期:2011 年 10 月 1 日至 2011 年 12 月 31 日　　计算单位:元、平方米

纳税人名称	湖北楚天机械有限责任公司	纳税编码			身份证号码(个人)					电话
		房产所属税务机关	东湖地税		组织机构代码(单位)		420044444466666			
房产登记编号	房产地址	租金收入	适用税率	房产原值	计税余值	适用税率	年应缴纳税额	本期应缴税额	本期减免税额	本期实缴税额
						1.2%	4 800	1 200		1 200
合 计								1 200		1 200

受理税务机关(章):　　受理录入日期:　　受理录入人:

表 57-2

车船税纳税申报表

纳税人识别号 4 2 0 0 4 4 4 4 4 4 6 6 6 6 6

纳税人名称:(公章)

税款所属期限:2011 年 1 月 1 日至 2011 年 12 月 31 日

填表日期:2011 年 12 月 19 日　　　　金额单位:元

车船类别		计税单位	税额标准	数量	吨位	全年应纳税额	缴纳次数	本期应纳税额	本期已缴税额	本期应补(退)税额
载客汽车	大型(核定载客人数大于或等于 20 人)	每辆	540 元	—						
	中型(核定载客人数大于 9 人且小于 20 人)	每辆	480 元	—						
	小型(核定载客人数小于或等于 9 人)	每辆	420 元	—						
	微型(车长小于等于 3.5 米,发动机汽缸总排量小于等于 1 升)	每辆	300 元	2	—	600	1	600	600	
载货汽车(包括半挂牵引车、挂车)		按自重每吨	96 元							
三轮汽车		按自重每吨	60 元							
低速货车		按自重每吨	60 元							
摩托车		每辆	60 元	—						
专项作业车		按自重每吨	96 元							
轮式专用机械车		按自重每吨	96 元							
小计			—					600	600	
船舶	净吨位小于或等于 200 吨	每吨	3 元							
	净吨位 201 吨至 2 000 吨	每吨	4 元							
	净吨位 2 001 吨至 10 000 吨	每吨	5 元							
	净吨位 10 001 吨及其以上	每吨	6 元							
	小计		—							
合计										

表 57-3

城镇土地使用税纳税申报表

纳税人识别号 4 2 0 0 4 4 4 4 4 4 6 6 6 6 6

纳税人名称：(公章)

税款所属期限：2011 年 10 月 1 日至 2011 年 12 月 31 日

填表日期：2011 年 12 月 19 日　　金额单位：元(列至角分)

<table>
<tr><td>土地等级</td><td>应税面积</td><td>单位税额</td><td>全年应纳税额</td><td>缴纳次数</td><td colspan="2">本期应纳税额</td><td>本期已缴税额</td><td colspan="2">本期应补(退)税额</td></tr>
<tr><td>(1)</td><td>(2)</td><td>(3)</td><td>(4)</td><td>(5)</td><td colspan="2">(6)</td><td>(7)</td><td colspan="2">(8)=(7)-(6)</td></tr>
<tr><td>六级</td><td>1 400</td><td>2</td><td>2 800</td><td>4</td><td colspan="2">700</td><td>700</td><td colspan="2"></td></tr>
<tr><td></td><td></td><td></td><td></td><td></td><td colspan="2"></td><td></td><td colspan="2"></td></tr>
<tr><td></td><td></td><td></td><td></td><td></td><td colspan="2"></td><td></td><td colspan="2"></td></tr>
<tr><td>合计</td><td></td><td>—</td><td></td><td></td><td colspan="2">700</td><td>700</td><td colspan="2"></td></tr>
<tr><td colspan="2" rowspan="6">纳税人或代理人声明：此纳税申报表是根据国家税收法律的规定填报的，我确信它是真实的、可靠的、完整的。</td><td colspan="8">如纳税人填报，由纳税人填写以下各栏</td></tr>
<tr><td colspan="2">经办人(签章)</td><td></td><td>会计主管(签章)</td><td></td><td>法定代表人(签章)</td><td colspan="2"></td></tr>
<tr><td colspan="8">如委托代理人填报，由代理人填写以下各栏</td></tr>
<tr><td colspan="3">代理人名称</td><td colspan="2"></td><td colspan="3" rowspan="3">代理人(公章)</td></tr>
<tr><td colspan="3">经办人(签章)</td><td colspan="2"></td></tr>
<tr><td colspan="3">联系电话</td><td colspan="2"></td></tr>
</table>

表 58-1

<table>
<tr><td colspan="3">转账日期：2011 年 12 月 19 日</td></tr>
<tr><td colspan="3">纳税人全称及纳税人识别号：湖北楚天机械有限责任公司 420044444466666</td></tr>
<tr><td colspan="3">付款人全称：湖北楚天机械有限责任公司</td></tr>
<tr><td>付款人账号：128333333388888</td><td colspan="2">征收机关名称：</td></tr>
<tr><td>付款人开户银行：工商银行东湖支行</td><td colspan="2">收款国库(银行)名称：</td></tr>
<tr><td>小写(合计)金额：1 200.00</td><td colspan="2">缴款书交易流水号：</td></tr>
<tr><td>大写(合计)金额：壹仟贰佰元整</td><td colspan="2">税票号码：</td></tr>
<tr><td>税(费)种名称</td><td>所属时期</td><td>实缴金额</td></tr>
<tr><td>房产税</td><td>20111001-20111231</td><td>1 200.00</td></tr>
</table>

表 58-2

转账日期:2011 年 12 月 19 日		
纳税人全称及纳税人识别号:湖北楚天机械有限责任公司 420044444466666		
付款人全称:湖北楚天机械有限责任公司		
付款人账号:128333333388888	征收机关名称:	
付款人开户银行:工商银行东湖支行	收款国库(银行)名称:	
小写(合计)金额:600.00	缴款书交易流水号:	
大写(合计)金额:陆佰元整	税票号码:	
税(费)种名称	所属时期	实缴金额
车船税	20110101-20111231	600.00

表 58-3

转账日期:2011 年 12 月 19 日		
纳税人全称及纳税人识别号:湖北楚天机械有限责任公司 420044444466666		
付款人全称:湖北楚天机械有限责任公司		
付款人账号:128333333388888	征收机关名称:	
付款人开户银行:工商银行东湖支行	收款国库(银行)名称:	
小写(合计)金额:700.00	缴款书交易流水号:	
大写(合计)金额:柒佰元整	税票号码:	
税(费)种名称	所属时期	实缴金额
土地使用税	20111001-20111231	700.00

表 59-1

中国工商银行存款利息凭证

2011 年 12 月 20 日

收款单位	户　名	湖北楚天机械有限责任公司		付款单位	户　名	
	账　号	128333333388888			账　号	
	开户银行	工商银行东湖支行			开户银行	
基数		利率		利息	￥1 500.90	
第 4 季度利息				复核员　记账员		

表 59-2

中国建设银行存款利息凭证

2011 年 12 月 20 日

收款单位	户　名	湖北楚天机械有限责任公司	付款单位	户　名	
	账　号	126333333398788		账　号	
	开户银行	建设银行南湖支行		开户银行	
基数		利率	利息	¥500.00	
第 4 季度利息			复核员　　记账员		

表 60

2011 年	汉江机械有限责任公司 盈利 30 万元。	持股比例 40% 应享有股利额＝30×40%＝12 万元

表 61-1

湖北楚天机械有限责任公司领款单

填报人		部 别		日 期	2011 年 12 月 20 日
费用类型	用 途 说 明				
中餐补贴					
金 额	仟　佰　⊗拾肆万肆仟零佰零拾零元零角零分　¥44 000.00				
原支款		应付(退)款		财务审核人	
批准人		部门负责人		财务负责人	

附单据　　张

表 61-2

中国工商银行 现金支票存根	本支票付款期限十天	中国工商银行现金支票
支票号码 945468 附加信息 出票日期 2011 年 12 月 20 日 收款人： 金额：44 000.00 用途：中餐补贴 单位主管 会计		支票号码 945468 出票日期（大写）贰零壹壹年壹拾贰月零贰拾日 付款行名称 收款人： 出票人账号 人民币（大写）肆万肆仟元整 亿千百十万千百十元角分 ¥4400000 用途 上列款项请从 我账户内支付 签章 复核 记账

表 62

无形资产摊销表

原　值	摊销时间	以前累计摊销	月摊销金额	净　值
3 840 000.00	40 年	472 000.00	8 000.00	3 360 000.00

表 63（要求自制）

固定资产折旧计算表

2011 年 12 月 20 日

使用部门	固定资产项目	年初计提折旧的固定资产原值（元）	月折旧率	本月折旧额	应记科目
一车间	房屋 设备	26 500 000	0.006		制造费用——一车间
二车间	房屋 设备	12 400 000	0.005		制造费用——二车间
机修车间	房屋 设备	1 958 000	0.005		生产成本——辅助（机修）
管理部门	房屋 运输工具	2 601 000	0.005		管理费用
销售部门	房屋 运输工具	1 901 000	0.005		销售费用
合　计		45 360 000			

表 64

财产清查结果的处理

2011 年 12 月 20 日

项目	现金
盘点结果	盘亏 200 元
原因	无法查明原因
处理意见 建议作管理费用处理	签字：
审批结果 同意作管理费用处理	签字： 盖章：

表 65

贷款凭证通知单

2011 年 12 月 20 日

<table>
<tr><td>贷款单位</td><td>湖北楚天机械有限责任公司</td><td>种类</td><td></td><td>贷款户账号</td><td colspan="10">126333333378788</td></tr>
<tr><td rowspan="2">金额</td><td colspan="4" rowspan="2">人民币(大写)伍佰万元整</td><td>千</td><td>百</td><td>十</td><td>万</td><td>千</td><td>百</td><td>十</td><td>元</td><td>角</td><td>分</td></tr>
<tr><td>¥</td><td>5</td><td>0</td><td>0</td><td>0</td><td>0</td><td>0</td><td>0</td><td>0</td><td>0</td></tr>
<tr><td rowspan="2">用途</td><td colspan="2" rowspan="2">固定资产购建</td><td colspan="2">单位申请期限</td><td colspan="10">三年</td></tr>
<tr><td colspan="2">银行核定期限</td><td colspan="10">三年</td></tr>
<tr><td colspan="3">上述贷款已核准发放，并划入你单位
账号：126333333378788
年利率：7.5%
银行签章　2011 年 12 月 20 日</td><td colspan="12">复核
主管
记账
会计</td></tr>
</table>

表 66-1

建设银行
转账支票存根

40804230
60252073

附加信息：

出票日期：2011 年 12 月 20 日

收款人：山河集团
金　额：2 000 000.00
用　途：工程款

单位主管　　会计

表 66-2

工程竣工验收单

工程名称	仓库		
工程地址			
施工方	山河集团	验收时间	2011 年 12 月 20 日
验 收 项 目			
序号	验收项目名称	验收结果	
1		□合格	□不合格
2		□合格	□不合格
3		□合格	□不合格
4		□合格	□不合格
5		□合格	□不合格
验收意见	合格		
验收人员会签栏	合格		
验收单位意见	合格，验收通过		

表 66-3

建筑业统一发票

发票联

发票代码：

开票日期 2011 年 12 月 12 日

发票号码：

机打代码 机打号码 机器编号			密 码 区		
付款方名称	湖北楚天机械有限责任公司	身份证号/组织机构代码/纳税人识别号	420044444466666	是否为总承包人	
收款方名称	山河集团	身份证号/组织机构代码/纳税人识别号	421239632100588	是否为分承包人	
工程项目名称	工程项目编号		结算项目	金　额	完税凭证代码（代扣代缴税款）
				2 000 000.00	
合计金额大写	人民币贰佰万元整				
备注			主管税务机关代码		

第一联 发票联 付款方付款凭证

开票人

单位盖章

表 67-1

流动资金贷款还款凭证

单位编码：2011 年 12 月 20 日　　原借款凭证银行编号：

付款人	全　称	湖北楚天机械有限责任公司	收款人	全　称	湖北楚天机械有限责任公司
	账　号	126333333378788		账　号	
	开户银行	中国建设银行		开户银行	
计划还款日期			2011 年 12 月 20 日		

借款金额	人民币（大写）壹佰万元整	千	百	十	万	千	百	十	元	角	分
		¥	1	0	0	0	0	0	0	0	0
还款内容	归还流动资金借款										

备注：	上述借款已从你单位账户内转还 借款单位： 银行盖章 2011 年 12 月 20 日

表 67-2

中国建设银行计收利息清单（付款通知）

账号：　　2011 年 12 月 20 日

单位名称	湖北楚天机械有限责任公司	结算户	
计息起止日期	2011 年 7 月—2011 年 12 月	128333333388888	
贷款户账户	本金	利率	利息
126333333378788	100 万元	6%	3 万元
你单位上述应偿借款利息 已从你单位账户划出 银行盖章		复核： 记账：	

表 68

序号	内部审计人员发现	处理意见
	2011 年 6 月 20 日购买的管理部门使用的固定资产未提折旧，原值 24 000 元，使用年限 5 年，净残值为零。	补提折旧 2 400.00
日期	2011 年 12 月 20 日	签字盖章：

表 69(要求自制)

2011 年年末估计坏账损失

金额单位:万元

应收账款账龄	应收账款金额	估计坏账率	估计损失金额
未到期	293.276 708	1%	2.93
逾期三个月	475.861 36	2%	9.52
逾期六个月	585	3%	17.55
合计	1 354.138 068		
已提坏账准备			
补提(冲销)坏账准备			

表 70-1

建设银行
转账支票存根

40804230
60252074

附加信息:

出票日期:2011 年 12 月 20 日

收款人:	湖北白云公司
金　额:	1 872 000.00
用　途:	购买设备

单位主管　　　会计

表 70-2

4200093650 　　**湖北增值税专用发票** 　　NO. 00235201

抵扣联 　　开票日期：2011 年 12 月 20 日

购货单位	名　称：湖北楚天机械有限责任公司 纳税人识别号：420044444466666 地 址 、电 话：武汉市武汉大道 128 号 027-88581678 开户行及账号：建行　126333333378788	密码区	

货物或应税劳务名称	规格型号	单位	数量	单价	金额	税率	税额
设备		台	1		1 600 000.00	17%	272 000.00
合　计					1 600 000.00		272 000.00
价税合计（大写）	人民币壹佰捌拾柒万贰仟元整				（小写）¥ 1 872 000.00		

销货单位	名　称：湖北白云公司 纳税人识别号：429698969896980 地 址 、电 话：武汉 开户行及账号：632563256325005	备注	

收款人：　　复核：　　开票人：　　销货单位：（章）

第二联　抵扣联　购货方扣税凭证

表 70-3

4200093650 　　**湖北增值税专用发票** 　　NO. 00235201

发票联 　　开票日期：2011 年 12 月 20 日

购货单位	名　称：湖北楚天机械有限责任公司 纳税人识别号：420044444466666 地 址 、电 话：武汉市武汉大道 128 号 027-88581678 开户行及账号：建行　126333333378788	密码区	

货物或应税劳务名称	规格型号	单位	数量	单价	金额	税率	税额
设备		台	1		1 600 000.00	17%	272 000.00
合　计					1 600 000.00		272 000.00
价税合计（大写）	人民币壹佰捌拾柒万贰仟元整				（小写）¥ 1 872 000.00		

销货单位	名　称：湖北白云公司 纳税人识别号：429698969896980 地 址 、电 话：武汉 开户行及账号：632563256325005	备注	

收款人：　　复核：　　开票人：　　销货单位：（章）

第三联　发票联　购货方记账凭证

表 70-4

固定资产移交生产验收单

保管使用部门　　　　　　　2011 年 12 月 20 日

固定资产编号	固定资产名称	规格型号	计量单位	数量	原值	预计使用年限	制造厂商或施工方式
	设备				160 万元	10 年	

固定资产管理部门意见		财会部门验收意见		使用保管验收签章	

固定资产管理部门负责人：　　　　项目负责人：　　　　制单：

表 71(要求自制)

2011 年 12 月工资汇总

金额单位：万元

项目	一车间甲	一车间乙	二车间丙	二车间丁	机修	一车间	二车间	管理部门	销售部门	合计
人数(人)	54	36	33	27	10	2	2	24	12	200
工资										

表 72(要求自制)

2011 年 12 月工会经费和职工教育经费明细表

金额单位：万元

项目	一车间甲	一车间乙	二车间丙	二车间丁	机修	一车间	二车间	管理部门	销售部门	合计
人数(人)	54	36	33	27	10	2	2	24	12	200
工资										
工会经费 2%										
职工教育经费 1.5%										

表 73(要求自制)

2011 年 12 月三项保险和住房公积金结算表

金额单位:元

项目 部门	明细	职工人数（人）	工资	缴费基数	企业负担保险 32%	企业负担公积金 12%	个人负担保险 11%	个人负担公积金 12%
一车间	甲	54		108 000				
	乙	36		72 000				
	一般	2		10 000				
二车间	丙	33		66 000				
	丁	27		54 000				
	一般	2		10 000				
机修车间		10		20 000				
管理部门		24		60 000				
销售部门		12		30 000				
合计		200		430 000				

表 74(要求自制)

2011 年 12 月职工福利费分配表

金额单位:元

项目	一车间甲	一车间乙	二车间丙	二车间丁	机修	一车间	二车间	管理部门	销售部门	合计
人数(人)	54	36	33	27	10	2	2	24	12	200
工资										
福利费										

表 75-1

工商银行
转账支票存根

30804230
90252074

附加信息：

出票日期：2011 年 12 月 30 日

收款人：	培训中心
金　额：	9 750.00
用　途：	职工培训

单位主管　　　　会计

表 75-2

湖北楚天机械有限责任公司报销单

填报人		部 别		日 期	2011 年 12 月 30 日
费用类型	填 报 说 明				
职工培训					
金 额	仟　佰　拾⊗万玖仟柒佰伍拾零元零角零分　　¥9 750.00				
原支款		应付(退)款		财务审核人	
批准人		部门负责人		财务负责人	

附单据　　张

表 76

中华人民共和国
税收通用缴款书

隶属关系

注册类型　　　　填发日期 2011 年 12 月 30 日　　　　(20101)鄂国缴工

征收机关

缴款单位	代码	420044444466666	科目	工会经费代收
	全称	湖北楚天机械有限责任公司	科目代码	省级
	开户银行	工商银行东湖支行	级次	
	账号	128333333388888	收缴国库	

所属日期：2011 年 12 月			缴款期限：2011 年 12 月 30 日	
品目名称	职工工资总额	拨缴比例	应缴金额	实缴金额
	650 000.00	2%	13 000.00	13 000.00
金额合计	大写：壹万叁仟元整		小写：13 000.00	
缴款单位(人)(盖章) 经办人(章)	税务机关(盖章) 填票人：网上申报用户		上列款项已核对 记入收款单位	备注

表 77(要求自制)

2011 年年终奖金分配表

金额单位：元

项目	一车间甲	一车间乙	二车间丙	二车间丁	机修	一车间	二车间	管理部门	销售部门	合计
总人数及其中壹仟元奖人数	54 (8)	36 (8)	33 (6)	27 (6)	10 (2)	2 (2)	2 (2)	24 (4)	12 (2)	200 (40)
壹仟元奖小计										
伍佰元奖小计										
奖金合计										
奖金个税	9.6	9.6	7.2	7.2	2.4	60	60	120	60	336

表 78

工商银行
转账支票存根
30804230
90252075

附加信息：______________

____

____

出票日期：2011 年 12 月 30 日

收款人：	全体职工
金　额：	119 664.00
用　途：	奖金

单位主管　　　　会计

表 79-1

工资薪金所得适用税率(七级超额累进税率)

级数	全月应纳税所得额(扣除标准 3 500 元)			速算扣除数
	含税级距	不含税级距	税率(%)	
1	不超过 1 500 元的部分	不超过 1 455 元的部分	3	0
2	超过 1 500 元至 4 500 元的部分	超过 1 455 元至 4 155 元的部分	10	105
3	超过 4 500 元至 9 000 元的部分	超过 4 155 元至 7 755 元的部分	20	555
4	超过 9 000 元至 35 000 元的部分	超过 7 755 元至 27 255 元的部分	25	1 005
5	超过 35 000 元至 55 000 元的部分	超过 27 255 元至 41 255 元的部分	30	2 755
6	超过 55 500 元至 80 000 元的部分	超过 41 255 元至 57 505 元的部分	35	5 505
7	超过 80 000 的部分	超过 57 505 的部分	45	13 505

每名高管工资应交个人所得税＝(8 000－1 150－3 500)×10%－105＝230(元)。
每名高管年终奖应交个人所得税＝1 000×3%＝30(元)；1 000/12＝83.33(元)，对应 3%税率。
30 名普通员工年终奖应交个人所得税＝(1 000＋3 000－460－3 500)×3%×30＝36(元)。

表 79-2

转账日期:2011 年 12 月 30 日		
纳税人全称及纳税人识别号:湖北楚天机械有限责任公司 420044444466666		
付款人全称:湖北楚天机械有限责任公司		
付款人账号:128333333388888	征收机关名称:	
付款人开户银行:工商银行东湖支行	收款国库(银行)名称:	
小写(合计)金额:2 300.00	缴款书交易流水号:	
大写(合计)金额:贰仟叁佰元整	税票号码:	
税(费)种名称	所属时期	实缴金额
个人所得税		2 300.00

表 79-3

转账日期:2011 年 12 月 30 日		
纳税人全称及纳税人识别号:湖北楚天机械有限责任公司 420044444466666		
付款人全称:湖北楚天机械有限责任公司		
付款人账号:128333333388888	征收机关名称:	
付款人开户银行:工商银行东湖支行	收款国库(银行)名称:	
小写(合计)金额:336.00	缴款书交易流水号:	
大写(合计)金额:叁佰叁拾陆元整	税票号码:	
税(费)种名称	所属时期	实缴金额
个人所得税		336.00

表 80-1(要求自制)

电费分配计算表

使用部门	应借科目	用量(度)	单位电费(元)	分配金额(元)
机修车间	生产成本——辅助(机修)	7 500	0.60	
一车间	制造费用——一车间	285 000		
二车间	制造费用——二车间	152 500		
管理部门	管理费用	50 000		
销售部门	销售费用	5 000		
小计		500 000		
应交税费				
合计				

表 80-2

4200022650

湖北增值税专用发票

NO. 00235501

抵扣联　　开票日期：2011 年 12 月 30 日

购货单位	名　　称：湖北楚天机械有限责任公司 纳税人识别号：420044444466666 地 址 、电 话：武汉市武汉大道 128 号 027-88581678 开户行及账号：工行　128333333388888			密码区			
货物或应税劳务名称	规格型号	单位	数量	单价	金额	税率	税额
电费		度	500 000	0.60	300 000.00	17%	51 000.00
合　计					300 000.00		51 000.00
价税合计(大写)	人民币叁拾伍万壹仟元整					(小写)￥351 000.00	
销货单位	名　　称：湖北电力公司 纳税人识别号：427864445566366 地 址 、电 话：武汉 开户行及账号：128684878685425			备注			

收款人：　　复核：　　开票人：　　销货单位：(章)

第二联 抵扣联 购货方扣税凭证

表 80-3

4200022650

湖北增值税专用发票

NO. 00235501

发票联　　开票日期：2011 年 12 月 30 日

购货单位	名　　称：湖北楚天机械有限责任公司 纳税人识别号：420044444466666 地 址 、电 话：武汉市武汉大道 128 号 027-88581678 开户行及账号：工行　128333333388888			密码区			
货物或应税劳务名称	规格型号	单位	数量	单价	金额	税率	税额
电费		度	500 000	0.60	300 000.00	17%	51 000.00
合　计					300 000.00		51 000.00
价税合计(大写)	人民币叁拾伍万壹仟元整					(小写)￥351 000.00	
销货单位	名　　称：湖北电力公司 纳税人识别号：427864445566366 地 址 、电 话：武汉 开户行及账号：128684878685425			备注			

收款人：　　复核：　　开票人：　　销货单位：(章)

第三联 发票联 购货方记账凭证

表 80-4

托收凭证(付款通知)

委托日期 2011 年 12 月 30 日

业务类型	委托收款(邮汇,电汇)		托收承付(邮汇,电汇)	
付款人 全称	湖北楚天机械有限责任公司	收款人 全称	湖北电力公司	
账号	128333333388888	账号	128684878685425	
地址	武汉市武汉大道 128 号	地址	武汉	
金额	人民币(大写)叁拾伍万壹仟元整		亿千百十万千百十元角分	¥35100000
款项内容	托收凭据名称	附寄单证张数		
商品发运情况		合同名称号码		
备注 复核 记账	付款人注意: 收款人开户银行签章 年 月 日			

付款人开户银行给付款人的付款通知

表 81-1

4200077650

湖北增值税专用发票

NO. 00235301

抵扣联　　开票日期:2011 年 12 月 30 日

购货单位	名称:湖北楚天机械有限责任公司 纳税人识别号:420044444466666 地址、电话:武汉市武汉大道 128 号 027-88581678 开户行及账号:工行 128333333388888			密码区			
货物或应税劳务名称	规格型号	单位	数量	单价	金额	税率	税额
水费		吨	4 000	2.50	10 000.00	6%	600.00
合计					10 000.00		600.00
价税合计(大写)	人民币壹万零陆佰元整					(小写)¥10 600.00	
销货单位	名称:湖北自来水公司 纳税人识别号:427864445566779 地址、电话:武汉 开户行及账号:128684878688689			备注			

收款人: 复核: 开票人: 销货单位:(章)

第二联 抵扣联 购货方扣税凭证

表 81-2

4200077650　　**湖北增值税专用发票**　　NO. 00235301

发票联　　开票日期:2011 年 12 月 30 日

<table>
<tr><td rowspan="2">购货单位</td><td colspan="4">名　　称:湖北楚天机械有限责任公司
纳税人识别号:420044444466666
地 址 、电 话:武汉市武汉大道 128 号
027-88581678
开户行及账号:工行　128333333388888</td><td>密码区</td><td colspan="3"></td></tr>
<tr><td>货物或应税劳务名称</td><td>规格型号</td><td>单位</td><td>数量</td><td>单价</td><td>金额</td><td>税率</td><td>税额</td></tr>
<tr><td></td><td>水费</td><td></td><td>吨</td><td>4 000</td><td>2.50</td><td>10 000.00</td><td>6%</td><td>600.00</td></tr>
<tr><td></td><td>合　计</td><td></td><td></td><td></td><td></td><td>10 000.00</td><td></td><td>600.00</td></tr>
<tr><td></td><td>价税合计(大写)</td><td colspan="7">人民币壹万零陆佰元整　　(小写)￥10 600.00</td></tr>
<tr><td>销货单位</td><td colspan="4">名　　称:湖北自来水公司
纳税人识别号:427864445566779
地 址 、电 话:武汉
开户行及账号:128684878688689</td><td>备注</td><td colspan="3"></td></tr>
</table>

收款人:　　复核:　　开票人:　　销货单位:(章)

第三联　发票联　购货方记账凭证

表 81-3

托收凭证(付款通知)

委托日期 2011 年 12 月 30 日

<table>
<tr><td colspan="2">业务类型</td><td colspan="5">委托收款(邮汇,电汇)　　托收承付(邮汇,电汇)</td></tr>
<tr><td rowspan="3">付款人</td><td>全称</td><td>湖北楚天机械有限责任公司</td><td rowspan="3">收款人</td><td>全称</td><td colspan="2">湖北自来水公司</td></tr>
<tr><td>账号</td><td>128333333388888</td><td>账号</td><td colspan="2">128684878688689</td></tr>
<tr><td>地址</td><td>武汉市武汉大道 128 号</td><td>地址</td><td colspan="2">武汉</td></tr>
<tr><td>金额</td><td colspan="5">人民币(大写)壹万零陆佰元整</td><td>亿千百十万千百十元角分
￥1060000</td></tr>
<tr><td colspan="2">款项内容</td><td>托收凭据名称</td><td colspan="2">附寄单证张数</td><td colspan="2"></td></tr>
<tr><td colspan="2">商品发运情况</td><td></td><td colspan="2">合同名称号码</td><td colspan="2"></td></tr>
<tr><td colspan="3">备注
复核　　记账</td><td colspan="4">付款人注意:
收款人开户银行签章　　年　月　日</td></tr>
</table>

付款人开户银行给付款人的付款通知

表 81-4(要求自制)

水费分配计算表

使用部门	应借科目	用　量	单位水费	分配金额
机修车间	生产成本——辅助(机修)	1 200	2.50	
一车间	制造费用——一车间	1 200		
二车间	制造费用——二车间	400		
管理部门	管理费用	1 120		
销售部门	销售费用	80		
小计		4 000		
应交税费				
合计				

表 82-1(要求自制)

材料成本差异计算表

单位:元

类　别	期初结存		本月收入		合　计		成本差异率
	计划成本	成本差异	计划成本	成本差异	计划成本	成本差异	
原材料							
计算过程							
发出材料负担的差异							

表 82-2(要求自制)

材料耗用汇总表

企业名称:　　　　2011 年 12 月 30 日　　　　单位:元

领用部门	会计科目	计划成本					合　计	差异额
		材料—A	材料—B	材料—C	材料—D	材料—E		
一车间	生产成本—甲							
	生产成本—乙							
二车间	生产成本—丙							
	生产成本—丁							
机修车间	生产成本—辅助(机修)							
盘亏	待处理财产损溢							
合计								

表 83-1(要求自制)

周转材料成本差异计算表

单位:元

类别	期初结存		本月收入		合计		成本差异率
	计划成本	成本差异	计划成本	成本差异	计划成本	成本差异	
周转材料							
计算过程							
发出周转材料负担的差异							

表 83-2(要求自制)

周转材料耗用汇总表

企业名称　　2011 年 12 月 30 日　　单位:元

领用部门	会计科目	计划成本			合计	差异额
		劳保用品	工具	包装物		
一车间	制造费用					
二车间	生产成本——丙					
	生产成本——丁					
	制造费用					
机修车间	生产成本——辅助(机修)					
合计						

表 84

财产清查结果的处理

2011 年 12 月 30 日

项目	丁产品
盘点结果	盘亏 1 件
原因	管理不善
处理意见 建议作管理费用处理 签字:	审批结果 作管理费用处理 签字: 盖章:

表 85

财产清查结果的处理

2011 年 12 月 30 日

项目	D 材料
盘点结果	盘亏 4 件
原因	计量差错
处理意见 建议作管理费用处理 签字：	审批结果 作管理费用处理 签字： 盖章：

表 86(要求自制)

辅助生产费用分配表

2011 年 12 月 31 日　　金额单位：元

受益部门	修理工时	分配率	分配额
一车间	1 000		
二车间	1 000		
合　计	2 000		

表 87(要求自制)

一车间制造费用费用分配表

2011 年 12 月 31 日　　金额单位：元

待分配对象	工　资	分配比例	分配额
半成品甲	162 000		
半成品乙	108 000		
合　计	270 000		

表 88(要求自制)

二车间制造费用分配表

2011 年 12 月 31 日　　金额单位：元

待分配对象	工　资	分配比例	分配额
丙产品	99 000		
丁产品	81 000		
合　计	180 000		

表 89-1

一车间产量资料

单位:件

项目名称	半成品甲	半成品乙
月初在产品	400	300
本月投产	600	1 000
本月完工	800	1 200
月末在产品	200	100
月末在产品完工率	50%	50%
月末在产品投料率	100%	100%
备注	采用约当产量法计算完工产品成本	

表 89-2(要求自制)

半成品甲成本计算单

半成品甲期初在产品:400 件,本月投产:600 件,完工:800 件,期末在产品:200 件

金额单位:万元

成本项目		直接材料	直接人工	制造费用	合 计
月初在产品成本		30.067	7.043	6.330	43.440
本月生产费用					
生产费用合计					
完工半成品	总成本				
	单位成本				
月末在产品成本					

会计主管　　　　复核　　　　制表

表 89-3(要求自制)

半成品乙成本计算单

半成品乙期初在产品:300 件,本月投产:1 000 件,完工:1 200 件,期末在产品:100 件

金额单位:万元

成本项目		直接材料	直接人工	制造费用	合 计
月初在产品成本		19.340	3.037	2.625	25.002
本月生产费用					
生产费用合计					
完工半成品	总成本				
	单位成本				
月末在产品成本					

会计主管　　　　复核　　　　制表

表 89-4(要求自制)

半成品交接单

2011 年 12 月

金额单位:万元

发出部门	一车间	领用部门	二车间	
成本项目	交接日期	交接数量		
半成品甲	2011 年 12 月	800		
半成品乙	2011 年 12 月	1 200		
成本项目	直接材料	直接人工	制造费用	合计
半成品甲				
半成品乙				

会计主管: 发出部门经手人: 领用部门经手人 制单

表 90-1

二车间产量资料

单位:件

项目名称	丙产品
月初在产品	400
本月投产	800
本月完工	1 000
月末在产品	200
月末在产品完工率	50%
月末在产品投料率	100%
备注	采用约当产量法计算完工产品成本

表 90-2(要求自制)

丙产品成本计算单

丙产品期初在产品:400 件,本月投产:800 件,完工:1 000 件,期末在产品:200 件

金额单位:万元

成本项目		直接材料	直接人工	制造费用	合 计
月初在产品成本		58.338 4	16.573 5	12.835 8	87.747 7
上步转入费用					
本月生产费用					
生产费用合计					
完工产品	总成本				
	单位成本				
月末在产品成本					

会计主管 复核 制表

表 90-3(要求自制)

完工产品成本汇总表

2011 年 12 月 31 日　　　　编号

编号	名称规格	单位	产量	直接材料	直接人工	制造费用	总成本	单位成本
1	丙产品	件						
合计								

会计主管：　　仓库主管：　　仓库保管：　　经发：　　制单：

表 91-1

二车间产量资料

单位：件

项目名称	丁产品
月初在产品	200
本月投产	1 200
本月完工	1 000
月末在产品	400
月末在产品完工率	50%
月末在产品投料率	100%
备注	采用约当产量法计算完工产品成本

表 91-2(要求自制)

丁产品成本计算单

丁产品期初在产品 200 件，本月投产：1 200 件，完工：1 000 件，期末在产品：400 件

金额单位：万元

成本项目		直接材料	直接人工	制造费用	合　计
月初在产品成本		26.748 0	2.476 5	2.320 2	31.544 7
上步转入费用					
本月生产费用					
生产费用合计					
完工产品	总成本				
	单位成本				
月末在产品成本					

会计主管　　复核　　制表

表 91-3(要求自制)

完工产品成本汇总表

2011 年 12 月 31 日　　编号　　金额单位:万元

编号	名称规格	单位	产量	直接材料	直接人工	制造费用	总成本	单位成本
1	丁产品	件						
合计								

会计主管:　　仓库主管:　　仓库保管:　　经发:　　制单:

表 92(要求自制)

产品销售成本计算表

金额单位:万元

产品名称	单位	月初结存		本月入库		本月销售		期末结存	
		数量	总成本	数量	总成本	数量	总成本	数量	总成本
丙产品	件	300	71.46						
计算过程	销售成本=							备注	
	结存存货=								

表 93(要求自制)

产品销售成本计算表

金额单位:万元

产品名称	单位	月初结存		本月入库		本月销售		期末结存	
		数量	总成本	数量	总成本	数量	总成本	数量	总成本
丁产品	件	201	34.732 8						
计算过程	盘亏转出=							备注	盘亏 1 件 1 728 元
	销售成本=								
	结存存货=								

表 94

长期利息计算表

借款时间	2008 年 7 月 1 日
到期时间	2013 年 6 月 30 日
本金	2 000 万元
付息方式	按年付息
利率	7.5%
本月计提利息	12.5 万元
资本化金额	1.5 万元
费用化金额	11 万元

表 95（要求自制）

持有至到期投资

购买时间	2011 年 1 月 2 日
到期时间	2015 年 12 月 31 日
付息方式	按年付息
买价	
购买方式	
面值	
利息调整	
票面利率	
实际利率	
应收利息	
实际利息收入	
利息调整的摊销	
摊余成本	

表 96

固定资产移交生产验收单

保管使用部门　　　　　　2011 年 12 月 31 日

固定资产编号	固定资产名称	规格型号	计量单位	数量	原值	预计使用年限	制造厂商或施工方式
	仓库				446 万元	20 年	

固定资产管理部门意见		财会部门验收意见		使用保管验收签章	

固定资产管理部门负责人：　　　　项目负责人：　　　　制单：

表 97-1（要求自制）

增值税计算表

2011 年 12 月 31 日　　　　单位：元

本月销项税额	本月进项税额	本月进项税额转出	月末未交税金

会计主管：　　　　制单：

表 97-2(要求自制)

2011 年 12 月增值税纳税申报表(适用于一般纳税人)

项目		栏次	本月数
销售额	(一)按适用税率征税货物及劳务销售额	1	
	其中:应税货物销售额	2	
	应税劳务销售额	3	
	纳税检查调整的销售额	4	
	(二)按简易征收办法征税货物销售额	5	
	其中:纳税检查调整的销售额	6	
	(三)免、抵、退办法出口货物销售额	7	
	(四)免税货物及劳务销售额	8	
	其中:免税货物销售额	9	
	免税劳务销售额	10	
税款计算	销项税额	11	
	进项税额	12	
	上期留抵税额	13	
	进项税额转出	14	
	免、抵、退货物应退税额	15	
	按适用税率计算的纳税检查应补缴税额	16	
	应抵扣税额合计	17=12+13-14-15+16	
	实际抵扣税额	18(如 17<11,则为 17,否则为 11)	
	应纳税额	19=11-18	
	期末留抵税额	20=17-18	
	按简易征收办法计算的应纳税额	21	
	按简易征收办法计算的纳税检查应补缴税额	22	
	应纳税额减征额	23	
	应纳税额合计	24=19+21-23	
税款缴纳	期初未缴税额(多缴为负数)	25	
	实收出口开具专用缴款书退税额	26	
	本期已缴税额	27=28+29+30+31	
	①分次预缴税额	28	
	②出口开具专用缴款书预缴税额	29	
	③本期缴纳上期应纳税额	30	
	④本期缴纳欠缴税额	31	
	期末未缴税额(多缴为负数)	32=24+25+26-27	
	其中:欠缴税额(≥0)	33=25+26-27	
	本期应补(退)税额	34=24-28-29	
	即征即退实际退税额	35	
	期初未缴查补税额	36	
	本期入库查补税额	37	
	期末未缴查补税额	38=16+22+36-37	

表 98(要求自制)

城市维护建设税和教育费附加计算表

2011 年 12 月 31 日

应税项目	计税基数(增值税)	税(费)率	应纳税(费)额
合计			

会计主管： 制单：

表 99(要求自制)

时间	2011 年 12 月 31 日
股票代码	
股票名称	A 公司
股票数量	100 000 股
每股市价	9.01 元
公允价值	90.1 万元
计税基础	80.1 万元
账面价值	90.1 万元
应纳税暂时性差异	
递延所得税负债	
资本公积	

表 100(要求自制)

2011 年 12 月收入科目汇总表

序 号	收入类	金 额
1	主营业务收入	
2	其他业务收入	
3	投资收益	
4	营业外收入	
合 计		

表 101(要求自制)

2011 年 12 月费用科目汇总表

序 号	费用类	金 额
1	主营业务成本	
2	公允价值变动损益	
3	营业税金及附加	
4	资产减值损失	
5	财务费用	
6	管理费用	
7	销售费用	
8	营业外支出	
合 计		

表 102-1(要求自制)

2011 年 12 月所得税费用计算表

单位:万元

当期所得税						
应纳税暂时性差异	期初数		期末数		本期数	
递延所得税负债	期初数		期末数		本期数	
可抵扣暂时性差异	期初数		期末数		本期数	
递延所得税资产	期初数		期末数		本期数	
递延所得税费用(收益)						
所得税费用						

表 102-2(要求自制)

中华人民共和国企业所得税月(季)度预缴纳税申报表(A 类)

所属期限 2011 年 12 月(下月填写)

行次	项目		本期金额	累计金额
1	一、按照实际利润额预缴			
2	营业收入			
3	营业成本			
4	利润总额			
5	加:特定业务计算的应纳税所得额			
6	减:不征税收入			
7	免税收入			
8	弥补以前年度亏损			
9	实际利润额(4 行+5 行-6 行-7 行-8 行)			
10	税率(25%)			
11	应纳所得税额			
12	减:减免所得税额			
13	实际已预缴所得税额		—	
14	特定业务预缴(征)所得税额			
15	应补(退)所得税额(11 行-12 行-13 行-14 行)		—	
16	减:以前年度多缴在本期抵缴所得税额			
17	本期实际应补(退)所得税额		—	
18	二、按照上一纳税年度应纳税所得额的平均额预缴			
19	上一纳税年度应纳税所得额		—	
20	本月(季)应纳税所得额(19 行÷12)或(19 行÷4)			
21	税率(25%)			
22	本月(季)应纳所得税额(20 行×21 行)			
23	三、按照税务机关确定的其他方法预缴			
24	本月(季)确定预缴的所得税额			
25	总分机构纳税人			
26	总机构	总机构应分摊所得税额		
27		财政集中分配所得税额		
28		分支机构应分摊所得税额		
29		其中:总机构独立经营部门应分摊所得税额		
30		总机构已撤销分支机构应分摊所得税额		
31	分支机构	分配比例		
32		分配所得税额		

谨声明:此纳税申报表是根据《中华人民共和国企业所得税法》、《中华人民共和国企业所得税法实施条例》和国家有关税收规定填报的,是真实的、可靠的、完整的。

法定代表人(签字):　　　　年　月　日

表 103(要求自制)

2011 年盈余公积计算表

单位:万元

行次	项目	金额
1	1 月～11 月实现净利润	
2	12 月实现净利润	
3	减:弥补以前年度亏损	
4	计提盈余公积基数	
5	计提法定盈余公积	
6	计提任意盈余公积	

会计主管　　　　复核　　　　制表

表 104(要求自制)

2011 年本年利润

单位:万元

行次	项目	金额
1	1 月～11 月实现净利润	
2	12 月实现净利润	
3	累计实现净利润	

会计主管　　　　复核　　　　制表

表 105-1(要求自制)

2011 年利润分配其他明细科目余额

单位:万元

行次	项目	金额
1	提取法定盈余公积	
2	提取任意盈余公积	
3	应付现金股利或利润	
4	转作股本的股利	
5	盈余公积补亏	

会计主管　　　　复核　　　　制表

表 105-2

建设银行银行存款余额调节表

2011 年 12 月 31 日　　　　单位:元

银行存款日记账余额	148 500	银行对账单余额	148 500
加:银行已收企业未收款		加:企业已收银行未收款	
减:银行已付企业未付款		减:企业已付银行未付款	
调节后余额	148 500	调节后余额	148 500

表 105-3

未达账项是指由于企业与银行之间结算凭证传递上的时间差异，造成一方已经入账而另一方尚未入账的款项。具体有四种情况：

(1)企业已收、银行未收；(2)企业已付、银行未付；

(3)银行已收、企业未收；(4)银行已付、企业未付。

前两种情况属于企业已登记入账银行尚未登记入账的款项；后两种情况属于企业尚未登记入账而银行已登记入账的款项。银行存款日记账应定期与银行对账单核对，月度终了必须逐笔查明差异原因并编制银行存款余额调节表调节相符。但银行存款余额调节表只是用来核对双方记账有无差错的手段，并不能作为原始凭证据以记账。

银行存款余额调节表要求每一个银行账号编制一张调节表。本月对账时要使用上月的银行存款余额调节表。

1.将上月银行存款余额调节表中银行已收企业未收、银行已付企业未付这两项内的每一笔业务在本月银行日记账中找到并勾销，同时在上月银行存款余额调节表上写上这些业务在本月的凭证号。

2.将上月银行存款余额调节表中企业已收银行未收、企业已付银行未付这两项内的每一笔业务在本月银行对账单中找到同时勾销。

3.将本月银行对账单和银行存款日记账一笔笔业务同时在双方勾销，余下未勾销的按企业已收银行未收、企业已付银行未付、银行已付企业未付、银行已收企业未收，分类记入银行存款余额调节表。

4.将银行存款余额调节表所有数据和内容填入后，计算调整后金额是否相等。

银行存款余额调节表，是在银行对账单余额与企业账面余额的基础上，各自加上对方已收、本单位未收账项数额，减去对方已付、本单位未付账项数额，以调整双方余额使其一致的一种调节方法。

调节后双方余额不相等时，原因有两个，要么是未达账项未全部查出，要么是一方或双方账簿记录还有差错。无论是什么原因，都要进一步查清楚并加以更正，一定要做到调节表中双方余额相等为止。

调节后的余额既不是企业银行存款日记账的余额，也不是银行对账单的余额，是当日可以动用的银行存款实有数额。

对于银行已经划账，而企业尚未入账的未达账项，要待银行结算凭证到达后，才能据以入账，不能以“银行存款调节表”作为记账依据。

调节后，如果双方余额相等，一般可以认为双方记账没有差错。

表 105-4

银行存款日记账

账户：中国工商银行

2011年		凭证		摘要	结算凭证		借方	贷方	余额
月	日	字	号		种类	号数			
12	30			报销培训费用				9 750	
12	30			缴纳工会经费				13 000	
12	30			发放年终奖				119 664	
12	30			上缴个人所得税				2 636	
12	30			支付电费				351 000	
12	30			支付水费				10 600	2 507 276.32

表 105-5

中国工商银行对账单

账户:湖北楚天机械有限责任公司

账号:

2011年		凭证		摘要	结算凭证		借方	贷方	余额
月	日	字	号		种类	号数			
12	30			报销培训费用			9 750		
12	30			缴纳工会经费			13 000		
12	30			发放年终奖			119 664		
12	30			上缴个人所得税			2 636		
12	30			支付电费			351 000		
12	30			支付水费			10 600		
12	30			支付托收货款			200 000		
12	30			收到托收货款				300 000	2 607 276.32

表 105-6(要求自制)

工商银行银行存款余额调节表

2011年12月31日

银行存款日记账余额	银行对账单余额
加:银行已收企业未收款	加:企业已收银行未收款
减:银行已付企业未付款	减:企业已付银行未付款
调节后余额	调节后余额

表 106

建议调整的不符事项

不符事项	原因
固定资产原值446万元含计提利息6万元	建造期限4个月不能资本化
处理意见: 固定资产原值440万元,利息全部费用化处理。增加财务费用6万元。	

表 107-1（要求自制）

中华人民共和国企业所得税年度纳税申报表(A类)

（2012年申报时填写）

类别	行次	项　目	金　额
利润总额计算	1	一、营业收入(填附表一)	
	2	减:营业成本(填附表二)	
	3	营业税金及附加	
	4	销售费用(填附表二)	
	5	管理费用(填附表二)	
	6	财务费用(填附表二)	
	7	资产减值损失	
	8	加:公允价值变动收益	
	9	投资收益	
	10	二、营业利润	
	11	加:营业外收入(填附表一)	
	12	减:营业外支出(填附表二)	
	13	三、利润总额(10＋11－12)	
应纳税所得额计算	14	加:纳税调整增加额(填附表三)	
	15	减:纳税调整减少额(填附表三)	
	16	其中:不征税收入	
	17	免税收入	
	18	减计收入	
	19	减、免税项目所得	
	20	加计扣除	
	21	抵扣应纳税所得额	
	22	加:境外应税所得弥补境内亏损	
	23	纳税调整后所得(13＋14－15＋22)	
	24	减:弥补以前年度亏损(填附表四)	
	25	应纳税所得额(23－24)	
应纳税额计算	26	税率(25%)	
	27	应纳所得税额(25×26)	
	28	减:减免所得税额(填附表五)	
	29	减:抵免所得税额(填附表五)	
	30	应纳税额(27－28－29)	
	31	加:境外所得应纳所得税额(填附表六)	
	32	减:境外所得抵免所得税额(填附表六)	
	33	实际应纳所得税额(30＋31－32)	
	34	减:本年累计实际已预缴的所得税额 2011年125万元＋2012年15万元	
	35	其中:汇总纳税的总机构分摊预缴的税额	
	36	汇总纳税的总机构财政调库预缴的税额	
	37	汇总纳税的总机构所属分支机构分摊的预缴税额	
	38	合并纳税(母子体制)成员企业就地预缴比例	
	39	合并纳税企业就地预缴的所得税额	
	40	本年应补(退)的所得税额(33－34)	

表 107-2

汇算清缴账务处理

单位:万元

全年实现利润	600
审计调整后的利润	594
纳税调增:	22
	10
纳税调减:	40
应纳所得税额	586
应纳所得税	146.5
全年预缴所得税	140
需补缴所得税	6.5

表 107-3

企业所得税年度纳税申报表附表

企业所得税年度纳税申报表附表一	销售(营业)收入及其他收入明细表
企业所得税年度纳税申报表附表二	成本费用明细表
企业所得税年度纳税申报表附表三	纳税调整项目明细表
企业所得税年度纳税申报表附表四	企业所得税弥补亏损明细表
企业所得税年度纳税申报表附表五	税收优惠明细表
企业所得税年度纳税申报表附表六	境外所得税抵免计算明细表
企业所得税年度纳税申报表附表七	以公允价值计量资产纳税调整表
企业所得税年度纳税申报表附表八	广告费和业务宣传费跨年度纳税调整表
企业所得税年度纳税申报表附表九	资产折旧、摊销纳税调整明细表
企业所得税年度纳税申报表附表十	资产减值准备项目调整明细表
企业所得税年度纳税申报表附表十一	股权投资所得(损失)明细表

表 108

结转以前年度损益调整

单位:元

借方发生额	贷方发生额
60 000	
65 000	
结转	125 000

四、年终决算资料

(一)实训需要完成项目

序号	项 目	备 注
1	完工产品成本汇总表	见原始凭证
2	12月增值税纳税申报表	见原始凭证
3	12月企业所得税月(季)度预缴纳税申报表	见原始凭证
4	2011年企业所得税年度纳税申报表	见原始凭证
5	2011年12月科目汇总表	三份
6	总账发生额与余额试算平衡表	一份
7	资产负债表	2011年12月31日
8	利润表	2011年
9	现金流量表	2011年12月和2011年
10	所有者权益变动表	2011年
11	审计报告	2011年标准审计报告
12	财务决算报告	2011年
13	合并工作底稿	两年
14	合并现金流量表	两年
15	实习报告	3 000字

(二)资产负债表

资产负债表(简表)

会企01表

编制单位：　　　　单位：万元

项 目	2008.12.31	2009.12.31	2010.12.31	2011.11.30	2011.12.31
流动资产：					
货币资金	202.1	402.1	504.1	110.178 9	
交易性金融资产				53	
应收票据	233.1	168.2	153.3	531.442 1	
应收账款	500	300	950	1 400	
应收利息					
应收股利					
其他应收款	8	8	8	8	
存货	276	298	356	363.612 8	
其他流动资产					
流动资产合计	1 219.2	1 176.3	1 971.4	2 466.233 8	
非流动资产：					
可供出售金融资产					

（续表）

项　目	2008.12.31	2009.12.31	2010.12.31	2011.11.30	2011.12.31
持有至到期投资				48.05	
长期股权投资	0	550	566	566	
投资性房地产					
固定资产	3 916	3 616	3 342	3 065.77	
在建工程	0	0	0	244.5	
工程物资					
固定资产清理					
生产性生物资产					
油气资产					
无形资产	364.8	355.2	345.6	336.8	
开发支出					
商誉					
长期待摊费用					
递延所得税资产	0	2.5	5	5	
其他非流动资产					
非流动资产合计	4 280.8	4 523.7	4 258.6	4 266.12	
资产总计	5 500	5 700	6 230	6 732.353 8	
流动负债：					
短期借款	0	0	0	100	
交易性金融负债					
应付票据	30	20	29.08	212.362 8	
应付账款	63	23	140	300	
预收款项					
应付职工薪酬	80	80	83.92	83.92	
应交税费	52	52	52	43.121	
应付利息	75	75	75	65	
应付股利					
其他应付款					
其他流动负债					
流动负债合计	300	250	380	804.403 8	
非流动负债：					
长期借款	2 000	2 000	2 000	2 000	

（续表）

项 目	2008.12.31	2009.12.31	2010.12.31	2011.11.30	2011.12.31
长期应付款					
专项应付款					
预计负债					
递延所得税负债					
其他非流动负债					
非流动负债合计	2 000	2 000	2 000	2 000	
负债合计	2 300	2 250	2 380	2 804.403 8	
所有者权益：					
实收资本	2 800	2 800	2 800	2 800	
资本公积	200	200	200	200	
减：库存股					
其他综合收益					
盈余公积	40	110	190	190	
未分配利润	160	340	660	737.95 （分红 300 万元）	
所有者权益合计	3 200	3 450	3 850	3 927.95	
负债和所有者权益总计	5 500	5 700	6 230	6 732.353 8	

（三）利润表

利润表（简表）

会企 02 表

编制单位： 单位：元

项 目	2009 年	2010 年	2011 年 1 月～11 月	2011 年
一、营业收入	42 210 700	43 557 800	38 490 000	
减：营业成本	31 231 000	32 217 300	28 178 400	
营业税金及附加	220 440	227 485	200 908	
销售费用	1 269 500	1 078 500	1 087 500	
管理费用	3 069 760	3 021 515	2 660 192	
财务费用	1 567 000	1 598 000	1 361 000	
资产减值损失	100 000	100 000	0	
加：公允价值变动收益（损失以“－”号填列）			30 000	
投资收益（损失以“－”号填列）	0	160 000	－500	
其中：对联营企业和合营企业的投资收益		160 000		
二、营业利润（亏损以“－”号填列）	4 753 000	5 475 000	5 031 500	
加：营业外收入	0	0	0	
减：营业外支出	53 000	115 000	2 000	

（续表）

项 目	2009年	2010年	2011年1月～11月	2011年
其中：非流动资产处置损失				
三、利润总额（亏损总额以“－”号填列）	4 700 000	5 360 000	5 029 500	
减：所得税费用	1 200 000	1 360 000	1 250 000	
四、净利润（净亏损以“－”号填列）	3 500 000	4 000 000	3 779 500	
五、每股收益：				
（一）基本每股收益				
（二）稀释每股收益				
六、其他综合收益				
七、综合收益				

（四）2011年编制现金流量表的相关资料

1. 2011年利润表有关项目的明细资料如下：

(1)利润表中销售费用1 320 980元，管理费用3 177 112.32元，包括：职工薪酬2 305 200元，无形资产摊销96 000元，折旧费272 520元，水电费432 000万元，存货毁损2 356.32元，税金24 200元等。

(2)财务费用1 535 899.1元，其中：借款利息1 530 000元，购货折扣1 800元，利息收入8 000.9元，手续费15 700元。

(3)投资收益526 830元，其中：成本法下投资收益为12万元，权益法下投资收益为28万元。取得交易性金融资产时支付50.05万元，卖出时收回59.85万元，本期交易性金融资产投资收益9.8万元。本期持有至到期投资的投资收益28 830元。另外成本法收到股利10万元冲减成本。

(4)营业外支出249 821.58元，其中：报废固定资产净损失4 821.58元，原价20万元，折旧18万元，支付清理费用0.2万元，收到残值收入17 178.42元。另外，捐款24.3万元，罚款0.2万元。

2. 2011年资产负债表有关项目的明细资料如下：

(1)应交税费的组成：本期增值税进项税额5 288 487元，进项税额转出220.32元，增值税销项税额7 633 476.68元。应交城市维护建设税和教育费附加234 521元，应交所得税146.5万元，应交房产税、车船税、土地使用税等8 200元，个人所得税27 936元，上缴上年应交税费52万元，上缴本年所得税125万元，房产税、车船税、土地使用税等8 200元，个人所得税27 936元，增值税和附加税2 209 988元；应交税费期末余额为58.474 3万元，应交税费期初余额为52万元。另外未通过应交税费核算的印花税16 000元。

(2)应付利息：本期计提利息140万元，支付利息153万元。借入长期借款500万元。应付利息期初余额为75万元，期末余额为75万元。半年期短期借款借入100万元，偿还100万元。

(3)本期购买固定资产含税价为631.88万元（2.808＋440＋187.2＋1.872），其中进项税额27.88万元，全年折旧304.2万元。坏账准备增加10万元。

(4)全年支付职工薪酬 1 019.04 万元，含上缴个人所得税 27 936 元。无形资产摊销 9.6 万元。

备注：含税的水电费作为经营活动购买付现，上缴个人所得税作为经营活动工资付现，利息收入冲减经营活动其他付现，购入含税固定资产作为投资活动付现，代垫运费冲减经营活动销售收现，盘亏存货作为经营活动购买付现，购入办公用品作为经营活动其他付现。

(五)现金流量表

现金流量表(简表)

会企 03 表

编制单位： 单位：万元

项 目	2009 年	2010 年	2011 年 12 月	2011 年
一、经营活动产生的现金流量				
销售商品、提供劳务收到的现金	5 193.551 9	4 451.162 6		
收到的税费返还				
收到的其他与经营活动有关的现金				
现金流入小计				
购买商品、接受劳务支付的现金	2 690.067 9	2 595.909 1		
支付给职工以及为职工支付的现金	972	1 015.12		
支付的各项税费	365.484	389.233 5		
支付的其他与经营活动有关的现金	160	156		
现金流出小计				
经营活动产生的现金流量净额	1 006	294.9		
二、投资活动产生的现金流量				
收回投资所收到的现金				
取得投资收益所收到的现金				
处置固定资产、无形资产和其他长期资产所收到的现金净额	0	1.2		
收到的其他与投资活动有关的现金				
现金流入小计				
购建固定资产、无形资产和其他长期资产所支付的现金净额	0	35.1		
投资所支付的现金	550	0		
支付的其他与投资活动有关的现金				
现金流出小计				
投资活动产生的现金流量净额	−550	−33.9		
三、筹资活动产生的现金流量				
吸收投资所收到的现金				
借款所收到的现金	200	300		
收到的其他与筹资活动有关的现金				
现金流入小计				
偿还债务所支付的现金	200	300		
分配股利、利润、偿付利息所支付的现金	256	159		

（续表）

项 目	2009 年	2010 年	2011 年 12 月	2011 年
支付的其他与筹资活动有关的现金				
现金流出小计				
筹资活动产生的现金流量净额	−256	−159		
四、汇率变动对现金及现金等价物的影响				
五、现金及现金等价物净增加额	200	102		
补充资料：				
净利润	350	400		
加：计提的资产减值准备	10	10		
固定资产折旧	300	300		
无形资产摊销	9.6	9.6		
长期待摊费用摊销				
处置固定资产、无形资产和其他长期资产的损失（减：收益）	0	0		
固定资产报废损失	0	2.8		
公允价值变动损失（减：收益）				
财务费用	156	159		
投资损失（减：收益）	0	−16		
递延所得税资产减少	−2.5	−2.5		
递延所得税负债增加	0	0		
存货的减少（减：增加）	−22	−58		
经营性应收项目的减少（减：增加）	254.9	−645.1		
经营性应付项目的增加（减：减少）	−50	135.1		
经营活动产生的现金流量净额	1 006	294.9		

（六）前期所有者权益变动表

所有者权益变动表（简表）

会企 04 表

编制单位：

单位：万元

项 目	2009 年金额				
	实收资本	资本公积	盈余公积	未分配利润	所有者权益合计
一、上年年末余额	2 800	200	40	160	3 200
1.会计政策变更					
2.前期差错更正					
二、本年年初余额					
三、本年增减变动金额（减少以“－”号填列）					
（一）净利润				350	350

（续表）

项　目	2009年金额				
	实收资本	资本公积	盈余公积	未分配利润	所有者权益合计
(二)其他综合收益					
上述(一)和(二)小计					
(三)所有者投入和减少资本					
1.所有者投入资本					
2.股份支付计入所有者权益的金额					
3.其他					
(四)利润分配					
1.提取盈余公积			70	－70	0
2.对所有者(或股东)的分配				－100	－100
3.其他					
(五)所有者权益内部结转					
1.资本公积转增资本(或股本)					
2.盈余公积转增资本(或股本)					
3.盈余公积弥补亏损					
4.其他					
四、本年年末余额	2 800	200	110	340	3 450

项　目	2010年金额				
	实收资本	资本公积	盈余公积	未分配利润	所有者权益合计
一、上年年末余额	2 800	200	110	340	3 450
1.会计政策变更					
2.前期差错更正					
二、本年年初余额					
三、本年增减变动金额(减少以“－”号填列)					
(一)净利润				400	400
(二)其他综合收益					
上述(一)和(二)小计					
(三)所有者投入和减少资本					
1.所有者投入资本					
2.股份支付计入所有者权益的金额					
3.其他					
(四)利润分配					

（续表）

项　目	2010年金额				
	实收资本	资本公积	盈余公积	未分配利润	所有者权益合计
1.提取盈余公积			80	－80	0
2.对所有者（或股东）的分配					
3.其他					
（五）所有者权益内部结转					
1.资本公积转增资本（或股本）					
2.盈余公积转增资本（或股本）					
3.盈余公积弥补亏损					
4.其他					
四、本年年末余额	2 800	200	190	660	3 850

（七）本期审计报告

审计报告

湖北楚天机械有限责任公司全体股东：

我们审计了后附的湖北楚天机械有限责任公司（以下简称楚天公司）的财务报表，包括2011年12月31日的资产负债表，2011年度的利润表、所有者权益变动表和现金流量表以及财务报表附注。

一、管理层对财务报表的责任

按照《企业会计准则》的规定编制财务报表是楚天公司管理层的责任。这种责任包括：(1)设计、实施和维护与财务报表编制相关的内部控制，以使财务报表不存在由于舞弊或错误而导致的重大错报；(2)选择和运用恰当的会计政策；(3)作出合理的会计估计。

二、注册会计师的责任

我们的责任是在实施审计工作的基础上对财务报表发表审计意见。我们按照《中国注册会计师审计准则》的规定执行了审计工作。《中国注册会计师审计准则》要求我们遵守职业道德规范，计划和实施审计工作以对财务报表是否不存在重大错报获取合理保证。

审计工作涉及实施审计程序，以获取有关财务报表金额和披露的审计证据。选择的审计程序取决于注册会计师的判断，包括对由于舞弊或错误导致的财务报表重大错报风险的评估。在进行风险评估时，我们综合考虑与财务报表编制相关的内部控制，以设计恰当的审计程序，但目的并非对内部控制的有效性发表意见。审计工作还包括评价管理层选用会计政策的恰当性和作出会计估计的合理性，以及评价财务报表的总体列报。

我们相信，我们获取的审计证据是充分、适当的，为发表审计意见提供了基础。

三、审计意见

我们认为，楚天公司财务报表已经按照《企业会计准则》的规定编制，在所有重大方面公允地反映了楚天公司2011年12月31日的财务状况以及2011年度的经营成果和现金流量。

××会计师事务所
（盖章）

中国注册会计师：×××
（签名并盖章）

中国注册会计师：×××
（签名并盖章）

中国武汉市

二〇一二年四月二日

(八)2011 年度财务决算报告

湖北楚天机械有限责任公司(以下简称“公司”)2011 年 12 月 31 日母公司的及合并的资产负债表、2011 年度母公司的及合并的利润表、2011 年度母公司的及合并的现金流量表、2011 年度母公司的及合并的所有者权益变动表已经会计师事务所审计,并出具了标准无保留意见审计报告。为了简化计算和分析,计算各种财务比率时需要的存量指标均使用期末数;一年按 360 天计算,现将 2011 年度财务决算的情况报告如下:

1. 主要财务指标

	项目	本年	上年	增减	原因分析
(1)	销售收入				
(2)	利润总额				
(3)	净利润				

2. 财务状况

	项目	期末金额	组成比重	期初金额	组成比重	变动幅度	原因分析
(1)	资产状况						
(2)	负债状况						
(3)	所有者权益状况						

3. 经营成果

	项目	本年金额	占收入比	上年金额	占收入比	增减幅度	原因分析
(1)	营业收入						
(2)	营业成本						
(3)	期间费用						
(4)	利润总额						

4. 现金流量情况

	项目	本年	上年	增减幅度	原因分析
(1)	经营活动现金流量				
(2)	投资活动现金流量				
(3)	筹资活动现金流量				

5. 盈利能力分析

	项目	本年	上年	增减幅度	原因分析
(1)	净资产收益率				
(2)	总资产净利率				
(3)	毛利率				
(4)	销售净利率				

6.偿债能力分析

	项　目	本　年	上　年	增减幅度	原因分析
(1)	流动比率				
(2)	速动比率				
(3)	资产负债率				
(4)	产权比率				
(5)	利息保障倍数				

7.营运能力分析

	项　目	本　年	上　年	增减幅度	原因分析
(1)	应收账款周转率				
(2)	存货周转率				
(3)	流动资产周转率				
(4)	总资产周转率				

8.经营管理中存在的问题和改进的建议

五、合并资料

(一)子公司资产负债表

子公司资产负债表(简表)

会企 01 表

编制单位：　　单位：万元

资　产	2009 年年末	2010 年年末	2011 年年末	负债及所有者权益	2009 年年末	2010 年年末	2011 年年末
货币资金	500	133	150	短期借款			
应收票据		30	60	应付票据		40	70
应收账款		120	200	应付账款		80	150
预付款项				应付职工薪酬		10	10
其他应收款				应交税费		2	7
存货		50	100	应付利息		18	18
流动资产合计		333	510	流动负债合计		150	255
长期股权投资				长期借款		300	300
固定资产		442	420	长期负债合计		300	300
在建工程				负债合计		450	555
无形资产		225	220	实收资本	500	500	500
开发支出				盈余公积		10	26
递延所得税资产				未分配利润		40	69
长期资产合计		667	640	所有者权益合计	500	550	595
资产总计	500	1 000	1 150	负债及所有者权益总计	500	1 000	1 150

（二）子公司利润表

子公司利润表(简表)

会企 02 表

编制单位：

单位：万元

项　目	2010 年	2011 年
一、营业收入	600	640
减：营业成本	420	448
营业税金及附加	2	4
销售费用	30	15
管理费用	55	42
财务费用	19	19
资产减值损失	0	0
加：投资收益	0	0
二、营业利润	74	112
加：营业外收入	0	0
减：营业外支出	4	2
三、利润总额	70	110
减：所得税费用	20	30
四、净利润	50	80

（三）子公司现金流量表

子公司现金流量表(简表)

会企 03 表

编制单位：

单位：万元

项　目	2010 年	2011 年
一、经营活动产生的现金流量：		
销售商品、提供劳务收到的现金	552	638.8
购买商品、接受劳务支付的现金	285.6	319.8
支付给职工以及为职工支付的现金	120	120
支付的各项税费	40	69
支付其他与经营活动有关的现金	70	60
经营活动产生的现金流量净额	36.4	70
二、投资活动产生的现金流量：		
处置长期资产收回的现金净额	35.1	0
购建长期资产支付的现金	738.5	0
投资活动产生的现金流量净额	−703.4	0
三、筹资活动产生的现金流量：		
取得借款收到的现金	300	0
分配股利、利润或偿付利息支付的现金	0	53

（续表）

项　目	2010年	2011年
筹资活动产生的现金流量净额	300	－53
四、汇率变动对现金及现金等价物的影响		
五、现金及现金等价物净增加额	－367	17
补充资料：		
净利润	50	80
加：固定资产折旧	25	22
无形资产摊销	5	5
处置固定资产、无形资产和其他长期资产的损失（收益以“－”号填列）	3	
财务费用（收益以“－”号填列）	18	18
存货的减少（增加以“－”号填列）	－50	－50
经营性应收项目的减少（增加以“－”号填列）	－150	－110
经营性应付项目的增加（减少以“－”号填列）	135.4	105
经营活动产生的现金流量净额	36.4	70

（四）子公司所有者权益变动表

子公司所有者权益变动表（简表）

会企04表

编制单位：

单位：万元

项　目	2010年金额				
	实收资本	资本公积	盈余公积	未分配利润	所有者权益合计
一、本年年初余额	500	0	0	0	500
二、净利润				50	50
三、提取盈余公积			10	－10	0
四、对所有者的分配					
五、本年年末余额	500	0	10	40	550
项　目	2011年金额				
	实收资本	资本公积	盈余公积	未分配利润	所有者权益合计
一、本年年初余额	500	0	10	40	550
二、净利润				80	80
三、提取盈余公积			16	－16	0
四、对所有者的分配				－35	－35
五、本年年末余额	500	0	26	69	595

(五)母子公司内部交易资料

2009 年内部交易	年末出资 400 万元组建 S 公司。
2010 年内部交易	2010 年子公司内部应收账款 100 万元,未提坏账准备。2010 年销售给母公司产品 100 万元,当年收到 17 万元,子公司毛利率 30%。子公司一台管理用的设备,原值 36 万元,累计折旧 3 万元,使用年限 6 年,不考虑残值。使用半年后,2010 年年末卖给母公司,售价 30 万元,损失 3 万元。子公司款项已经收到。
	拥有 S 公司 80%股份,2010 年子公司盈利 50 万元。
2011 年内部交易	2011 年内部应收账款 150 万元,未提坏账准备。2011 年销售给母公司产品 100 万元,当年收到 67 万元。子公司毛利率 30%。2010 年母公司购入的子公司产品剩余 20%(20 万元),2011 年母公司购入的子公司的产品剩余 30 万元。母公司 2010 年年末购入的子公司的设备在 2011 年计提折旧 5.454 万元。
	2011 年 S 公司分红总额 35 万元,2011 年母公司分得现金股利 28 万元。2011 年 S 公司盈利 80 万元。

六、实训所需表格

(一)2011 年 12 月科目汇总表(上旬;中旬;下旬)

科目汇总表

单位:元

科目名称	借方发生额	贷方发生额	记账	科目名称	借方发生额	贷方发生额	记账
库存现金				应付票据			
银行存款				应付账款			
其他货币资金				应付职工薪酬			
交易性金融资产				应交税费			
应收票据				应付利息			
应收账款				长期借款			
应收利息				递延所得税负债			
其他应收款				实收资本			
坏账准备				盈余公积			
材料采购				资本公积			
原材料				本年利润			
材料成本差异				利润分配			
库存商品				生产成本			
周转材料				制造费用			
可供出售金融资产				主营业务收入			
持有至到期投资				公允价值变动损益			
长期股权投资				投资收益			
固定资产				主营业务成本			
累计折旧				营业税金及附加			
在建工程				销售费用			
固定资产清理				管理费用			
无形资产				财务费用			
累计摊销				资产减值损失			
递延所得税资产				营业外支出			
待处理财产损溢				所得税费用			
短期借款				以前年度损益调整			

(二)2011 年 12 月发生额与余额试算平衡表(调整前)

试算平衡表

单位:元

总账科目	期初余额		本期发生额		期末余额	
	借方	贷方	借方	贷方	借方	贷方
库存现金	10 000					
银行存款	1 091 789					
其他货币资金	0					
交易性金融资产	530 000					
应收票据	5 314 421					
应收账款	14 200 000					
应收利息						
其他应收款	80 000					
坏账准备		200 000				
材料采购	0					
原材料	650 800					
材料成本差异	19 556					
库存商品	1 061 928					
周转材料	26 500					
可供出售金融资产						
持有至到期投资	480 500					
长期股权投资	5 660 000					
固定资产	45 384 000					
累计折旧		14 726 300				
在建工程	2 445 000					
固定资产清理						
无形资产	3 840 000					
累计摊销		472 000				
递延所得税资产	50 000					
待处理财产损溢						
短期借款		1 000 000				
应付票据		2 123 628				
应付账款		3 000 000				
应付职工薪酬		839 200				
应交税费		431 210				
应付利息		650 000				

（续表）

总账科目	期初余额		本期发生额		期末余额	
	借方	贷方	借方	贷方	借方	贷方
长期借款		20 000 000				
递延所得税负债						
实收资本		28 000 000				
资本公积		2 000 000				
盈余公积		1 900 000				
本年利润		3 779 500				
利润分配		3 600 000				
生产成本	1 877 344					
制造费用						
主营业务收入						
公允价值变动损益						
投资收益						
主营业务成本						
营业税金及附加						
销售费用						
管理费用						
财务费用						
资产减值损失						
营业外支出						
所得税费用						
以前年度损益调整						
合　计	82 721 838	82 721 838				

（三）抵消分录

2010 年的抵消调整

假设不考虑合并资产负债表的所得税影响。对留存收益的影响只调整未分配利润。考虑未实现内部销售损益后调整长期股权投资。

借：营业收入　　1 000 000

　贷：营业成本　　940 000

　　存货　　60 000

借：固定资产　　30 000

　贷：营业外支出　　30 000

借：应付账款　　1 000 000

　贷：应收账款　　1 000 000

投资收益=(50－6＋3)×80％=47×80％=37.60(万元)

借:长期股权投资　　376 000

　贷:投资收益　　　376 000

母公司长期股权投资与子公司所有者权益的抵消:

借:股本　　5 000 000

　盈余公积　　100 000

　未分配利润——年末　　370 000

　贷:长期股权投资　　　4 376 000

　　少数股东权益　　　1 094 000

母公司股权投资收益与子公司利润分配的抵消:

借:投资收益　　376 000

　少数股东损益　　94 000

　未分配利润——年初　　0

　贷:提取盈余公积　　　100 000

　　对所有者(或股东)的分配　　　0

　　未分配利润——年末　　　370 000

借:购买付现　　170 000

　贷:销售收现　　　170 000

借:购买长期资产付现　　351 000

　贷:处置长期资产收现　　　351 000

2011 年的抵消调整

假设不考虑所得税的影响。对留存收益的影响只调整未分配利润。考虑未实现内部销售损益后调整长期股权投资。

借:未分配利润——年初　　60 000

　贷:营业成本　　　60 000

借:营业收入　　1 000 000

　贷:营业成本　　　1 000 000

借:营业成本　　90 000

　贷:存货　　　90 000

借:固定资产　　30 000

　贷:未分配利润——年初　　　30 000

借:管理费用　　5 460

　贷:固定资产　　　5 460

借:应付账款　　1 500 000

　贷:应收账款　　　1 500 000

借:长期股权投资　　376 000

　贷:未分配利润——年初　　　376 000

投资收益=(80－3－0.546)×80％=76.454×80％=61.163 2(万元)

借:长期股权投资 611 632

贷:投资收益 611 632

借:投资收益 280 000

贷:长期股权投资 280 000

母公司长期股权投资与子公司所有者权益的抵消:

借:股本 5 000 000

盈余公积 260 000

未分配利润——年末 624 540

贷:长期股权投资 4 707 632

少数股东权益 1 176 908

未分配利润(年末)=47+76.454−26−35=62.454(万元)

少数股东权益=100+(47+76.454−35)×20%=117.690 8(万元)

母公司股权投资收益与子公司利润分配的抵消:

借:投资收益 611 632

少数股东损益 152 908(764 540×20%)

未分配利润——年初 370 000

贷:提取盈余公积 160 000

对所有者(或股东)的分配 350 000

未分配利润——年末 624 540

借:购买付现 670 000

贷:销售收现 670 000

借:分配股利、利润或偿付利息支付的现金 280 000

贷:取得投资收益收到的现金 280 000

(四)2010 年合并工作底稿

2010 年合并工作底稿

单位:万元

项目(简化)	母公司	子公司	合计	调整分录		抵消分录		少数股东权益	合并数
				借方	贷方	借方	贷方		
应收账款	950	120							
存货	356	50							
长期股权投资	566	0							
固定资产	3 342	442							
其他资产	1 016	388							
资产总计	6 230	1 000							
应付账款	140	80							
其他负债	2 240	370							
负债合计	2 380	450							

（续表）

项目(简化)	母公司	子公司	合计	调整分录		抵消分录		少数股东权益	合并数
				借方	贷方	借方	贷方		
股本	2 800	500							
资本公积	200	0							
盈余公积	190	10							
未分配利润	660	40							
归属母公司权益									
少数股东权益									
所有者权益合计	3 850	550							
负债与所有者权益总计	6 230	1 000							
各项收入	4 355.78	600							
成本费用	3 971.78	550							
投资收益	16(合)	0							
净利润	400	50							
少数股东损益									
母公司损益									
年初未分配利润	340	0							
提取盈余公积	80	10							
股利分配									
年末未分配利润	660	40							

(五)2011 年合并工作底稿

2011 年合并工作底稿

单位:万元

项目(简化)	母公司	子公司	合计	调整分录		抵消分录		少数股东权益	合并数
				借方	贷方	借方	贷方		
应收账款		200							
存货		100							
长期股权投资		0							
固定资产		420							
其他资产		430							
资产总计		1 150							
应付账款		150							
其他负债		405							

（续表）

项目（简化）	母公司	子公司	合计	调整分录		抵消分录		少数股东权益	合并数
				借方	贷方	借方	贷方		
负债合计		555							
股本		500							
资本公积		0							
盈余公积		26							
未分配利润		69							
归属母公司权益									
少数股东权益									
所有者权益合计		595							
负债与所有者权益总计									
各项收入		640							
成本费用		560							
投资收益		0							
净利润		80							
少数股东损益									
母公司损益									
年初未分配利润		40							
提取盈余公积		16							
股利分配		35							
年末未分配利润		69							

（六）合并现金流量表

合并现金流量表

单位：万元

项　目	2010 年母公司	2010 年子公司	2010 年合并	2011 年母公司	2011 年子公司	2011 年合并
一、经营活动产生的现金流量						
销售商品、提供劳务收到的现金	4 451.162 6	552			638.8	
购买商品、接受劳务支付的现金	2 595.909 1	285.6			319.8	
支付给职工以及为职工支付的现金	1 015.12	120			120	
支付的各项税费	389.233 5	40			69	
支付的其他与经营活动有关的现金	156	70			60	
经营活动产生的现金流量净额	294.9	36.4			70	

（续表）

项　目	2010年母公司	2010年子公司	2010年合并	2011年母公司	2011年子公司	2011年合并
二、投资活动产生的现金流量						
收回投资收到的现金						
取得投资收益收到的现金	0				0	
处置固定资产、无形资产和其他长期资产收到的现金净额	1.2	35.1			0	
购建固定资产、无形资产和其他长期资产支付的现金	35.1	738.5			0	
投资支付的现金						
投资活动产生的现金流量净额	−33.9	−703.4			0	
三、筹资活动产生的现金流量						
取得借款收到的现金	300	300				
偿还债务支付的现金	300	0				
分配股利、利润、偿付利息支付的现金	159	0			53	
筹资活动产生的现金流量净额	−159	300			−53	
四、汇率变动对现金及现金等价物的影响						
五、现金及现金等价物净增加额	102	−367			17	
补充资料：						
净利润	400	50			80	
加：计提的资产减值准备	10					
固定资产折旧	300	25			22	
无形资产摊销	9.6	5			5	
处置固定资产、无形资产和其他长期资产的损失（减：收益）	0	3				
固定资产报废损失	2.8					
财务费用	159	18			18	
投资损失（减：收益）	−16					
递延所得税资产减少	−2.5					
存货的减少（减：增加）	−58	−50			−50	
经营性应收项目的减少（减：增加）	−645.1	−150			−110	
经营性应付项目的增加（减：减少）	135.1	135.4			105	
经营活动产生的现金流量净额	294.9	36.4			70	

第四章

实验程序与要求

一、实验准备资料

按照成本效益原则，采用每张账页两面开账的方法，总账、日记账和大部分明细账采用三栏式账页，“原材料”、“周转材料”、“产成品”等账户采用数量金额式账页，“生产成本——基本生产成本”、“应交税费——应交增值税”等账户采用多栏式账页。记账凭证可以采用通用式。实验所需各种资料如下：

（一）记账凭证 120 张

共 108 笔经济业务。

（二）三栏式账页 100 张

总账 52 张，债权债务明细账 16 张，日记账 3 张（其中工行银行存款日记账业务较多），应交税费 4 张，利润分配 3 张，长期股权投资 2 张，材料成本差异 2 张，应付职工薪酬 6 张。

（三）数量金额式账页 10 张

原材料及周转材料 8 张，产成品 2 张。

（四）多栏式账页 10 张

生产成本及制造费用需要 7 张，应交增值税需要 1 张。

（五）科目汇总表 3 张

发生额与余额试算平衡表 1 张。

（六）凭证封面 3 张

（七）资产负债表、利润表、现金流量表、所有者权益变动表各 1 张

（八）合并资产负债表、合并利润表、合并现金流量表、合并所有者权益变动表各 1 张

二、会计模拟实训的组织

应配备实习指导老师，组织和指导实习全过程，并根据学生完成实习的质量和工作量给予评分。

可根据具体情况选择分组共同完成实习或一人单独完成实习。分组分岗位轮流进行实验操作，有利于相互讨论和加强复核。学生最好按三人一组分组进行实训。每组分别

设置出纳、会计、会计负责人三个岗位，一人一岗，分岗轮流模拟实训。完成实习后，应填写各人分工及工作量明细账，以明确责任和考核评分，为弥补分组实习的缺陷，在实习过程中应加强交流，指导老师在实习完成后还应个别组织口头提问，以了解学生对组内所完成会计核算工作的熟悉程度。一人单独完成实习的效果较好，有利于系统地、全面地熟悉和掌握整个企业的会计实务。

三、实验程序

采取学生练习为主，老师结合现行会计准则规定进行指导，按进程分阶段进行，具体进程安排如下：

（一）介绍实习单位概况，开设账户，期初数（11 月 30 日结余额）要进行总账和明细账核对，防止开账错误，影响核算。

（二）根据模拟经济业务的原始凭证，进行经济业务的会计处理。编制记账凭证，登记有关日记账和明细分类账。总账采取科目汇总表核算形式，每十天汇总一次，每月分上、中、下旬登记三次。上、中、下旬业务登记完毕后，都要进行试算平衡和总账明细账核对，以便发现错误及时更正。

（三）下旬业务包括月末成本计算、年末决算账务处理及结账和对账等；在处理发生的基本经济业务后，即在成本计算和各损益账户结转前，还要进行一次试算平衡和总账明细账核对，如发现错误应及时更正，避免发生连环错误难以更正；在进行成本计算、损益结转和利润分配后，即全部账务处理完毕，再进行最后的试算平衡和总账明细账核对，确认无误后才能进行结账和编制报表。

（四）报表编制与分析及凭证装订。

四、账务处理程序

（一）根据原始凭证编制汇总原始凭证；

（二）根据原始凭证或汇总原始凭证编制记账凭证；

（三）根据收款凭证、付款凭证逐笔登记现金日记账和银行存款日记账；

（四）根据原始凭证、汇总原始凭证和记账凭证登记各种明细分类账；

（五）根据各种记账凭证编制科目汇总表；

（六）根据科目汇总表登记总分类账；

（七）期末，现金日记账、银行存款日记账和明细分类账的余额同有关总分类账的余额核对相符；

（八）期末，根据总分类账和明细分类账的记录，编制会计报表。

五、登记账簿方法

（一）启用账簿或更换记账人员时，应在账簿的“启用及交接记录”内逐项填写企业名称、启用日期、起始页数、会计主管人员和记账员姓名，并盖章和签名。

（二）会计账簿必须根据审核无误的记账凭证及其所附的原始凭证登记。应将会计凭证的日期、编号、业务内容摘要、金额和其他有关资料逐项记入账内。登记完毕后，应在记账凭证上注明"√"符号，表示已经记账。

（三）登记账簿时要用蓝黑墨水笔书写，不得使用铅笔或圆珠笔，红色墨水笔只能按规定用途使用，如改错、冲账等。

（四）账簿中文字和数字不要写满格，一般应占格宽的二分之一。

（五）登记账簿时，凡需要登记会计科目的，必须填列会计科目的名称，或者同时填列会计科目的名称和编号。不得只填列会计科目的编号而不填列会计科目的名称。

（六）各种账簿应该依照编定的页数按顺序连续记载。每一账页记载完毕结转下页时，应在账页的最后一行结出合计数和余额，注明"过次页"字样；同时，将合计数和余额记入下页第一行有关栏内，并注明"承前页"字样，也可以只在下页第一行有关栏内注明"承前页"字样。

（七）年度终了，要把各账户的余额结转下年，并在"摘要"栏内注明"结转下年"字样，在下年新账第一行"余额"栏填写上年结转的余额，并在"摘要"栏内注明"上年结转"字样。

（八）账簿记录不得涂改、刮擦、挖补或用褪色药水更改字迹。发生错误时，应该按照下列方法进行更正：

1. 登记账簿时发生错误，记账凭证无差错，应采用划线更正法，并由记账人员在更正处盖章。

2. 登记账簿后，因记账凭证填制错误而使账簿记录发生错误时，应更正记账凭证并登记账簿。

（九）凡使用订本账的，原账页不得因故撕毁、增补、拆开重订。

（十）记账人员必须做到及时记载，按时结账、对账，经常检查清理账目。

六、期末结账方法

结账，是指把一定时期内应记入账簿的经济业务全部登记入账后，计算并记录本期发生额及期末余额，将余额结转下期或新的账簿。根据相关规定，月结划单线，年结划双线。划线时，应划通栏红线，不应只在本账页中的金额部分划线。对现金日记账、银行存款日记账按日结账，对其他账户按月、季、年结账。

（一）日结或月结时，应在该日、该月最后一笔经济业务下面划一条通栏单红线，在红线下"摘要"栏内注明"本日合计"或"本月合计"、"本月发生额及余额"字样，在"借方"栏、"贷方"栏或"余额"栏分别填入本日、本月合计数和月末余额，同时在"借或贷"栏内注明借贷方向。然后，在这一行下面再划一条通栏红线，以便与下日、下月发生额区别开来。

（二）季结时，通常在每季度最后一个月的月结的下一行，在"摘要"栏内注明"本季合计"或"本季度发生额及余额"，同时结出借、贷方发生总额及季末余额。然后，在这一行下面划一条通栏单红线，表示季结的结束。

（三）年结时，在第四季度季结的下一行，在"摘要"栏注明"本年合计"或"本年发生额及余额"，同时结出借、贷方发生额及期末余额。然后，在这一行下面划上通栏双红线，以示封账。

（四）年度结账后，总账和日记账应当更换新账，明细账一般也应更换。但有些明细账，如固定资产明细账等可以连续使用，不必每年更换。年终时，要把各账户的余额结转到下一会计年度，只在“摘要”栏注明“结转下年”字样，结转金额不再抄写。在下一会计年度新建有关会计账簿的第一行“余额”栏内填写上年结转的余额，并在“摘要”栏注明“上年结转”字样。不需要编制记账凭证，也不必将余额再记入本年账户的借方或贷方，使本年有余额的账户的余额变为零。否则就混淆了有余额的账户和无余额的账户的区别。

（五）结账时应当根据不同的账户记录，分别采用不同的方法。

对不需要按月结计本期发生额的账户，如各项应收账款明细账和各项财产物资明细账等，每次记账以后，都要随时结出余额，每月最后一笔余额即为月末余额。也就是说，月末余额就是本月最后一笔经济业务记录的同一行内的余额。月末结账时，只需要在最后一笔经济业务记录之下划一条单红线，不需要再结计一次余额。

现金日记账、银行存款日记账和需要按月结计发生额的收入、费用等明细账，每月结账时，要在最后一笔经济业务记录下面划一条单红线，结出本月发生额和余额，在“摘要”栏内注明“本月合计”字样，在下面再划一条单红线。

需要结计本年累计发生额的某些明细账户，如产品销售收入、成本等明细账簿，每月结账时，应在“本月合计”行下结计自年初起至本月末止的累计发生额，登记在月份发生额下面，在“摘要”栏内注明“本年累计”字样，并在下面再划一条单红线。12月末的“本年累计”就是全年累计发生额，全年累计发生额下划双红线。

总账账户平时只需结计月末余额。年终结账时，为了反映全年各项资产、负债及所有者权益增减变动的全貌，便于核对账目，要将所有总账账户结计全年发生额和年末余额，在“摘要”栏内注明“本年合计”字样，并在合计数下划双红线。需要结计本月发生额的某些账户，如果本月只发生一笔经济业务，由于这笔记录的金额就是本月发生额，结账时，只要在此项记录下划一条单红线，表示与下月的发生额分开就可以了，不需另结出“本月合计”数。

（六）结计“过次页”发生额的方法。

结计“过次页”的发生额，要根据不同账户记录采用不同的方法。

1.对需要按月结计本月发生额的账户，结计“过次页”的本页合计数，应是从本月初至本页末止的发生额的合计数，这样做便于本月结账时加计“本月合计”数。

2.对需要结计本年累计发生额的账户，结计“过次页”的本页合计数，应是从年初起至本页末止的累计数，这样做便于年终结账时加计“本年累计”数，结计“过次页”的数之后，在下页第一笔空格“摘要”栏内用红字居中注明“承前页”字样，并在“发生额”或“余额”栏内填写上页结转数。

七、关于凭证、账簿、报表资料的整理装订

各种原始凭证，有的应作为记账凭证附件，随记账凭证装订存档；有的是以后需使用的凭证，如收到的商业汇票、固定资产卡片等；有的凭证是由会计人员填制后交给外单位的，如现金支票、转账支票和收据等，收据是复写的，实习时不要求复写，只填写存根联即可。应装订的各种凭证，一律以左上角对齐，比记账凭证大的原始凭证，均应以记账凭证为准折叠整齐，并注意要将装订角留出。

会计账簿，应按会计科目表编序开户，应按各明细账户编写分页顺序号。全年账簿登

记完毕按顺序装订好后再编写总页顺序号。

资产负债表、利润表、现金流量表和所有者权益变动表，连同附注一起装订。报表要加封面。封面上应注明报表种类，编制单位名称，单位负责人、会计主管和制表人签章，编报日期及送报日期等。

八、财务会计综合模拟实训的要求

财务会计综合模拟实训能够提高学生的实际动手能力，使学生体验真实的业务流程，加快学生的职业化进程，使学生真正做到无障碍上岗。模拟实训以企业的经济活动为脉络、以涵盖企业经济活动全过程的仿真模拟实训资料为依托，通过模拟实训学生可以学会手工会计循环中的一系列业务，并配合财务软件的电算化操作，熟悉企业会计处理的基本流程，可以培养学生对企业实际业务的账务处理能力，提高学生的专业知识水平、顶岗上班的技能，同时也可以培养学生综合分析问题的能力和创新能力。模拟实训是深化会计教学改革必不可少的环节，是学生获取综合知识、提高专业技能的重要保证。

要防止“重凭证，轻报表”；“重成本，轻税务”；“重核算，轻管理”；“重手工，轻电算”等问题的发生。不能徒有实习之名，却无实习之实，避免出现“学生在学校，是习而不实，在企业，是实而不习，两头脱空”的现象。会计专业学生不仅要掌握本专业知识，而且需掌握信息技术知识，即必须掌握计算机操作技能，利用计算机软件进行财务预测、财务决策、财务分析、财务控制等。这就要求综合实训必须以手工模拟为基础，将手工模拟取得的一系列凭证资料输入到计算机进行处理、输出财务资料，并利用计算机将本期和前期的财务数据进行对比、分析、预测、决策和控制，为下一阶段的财务工作提出可行性建议，真正实现“以手工模拟为基本、电算化效用最大化”的宗旨。

模拟实训操作等同于实际工作，应按照会计核算程序及有关规章制度，认真编制会计凭证，登记会计账簿并编制会计报表。学生在模拟训练时，必须先认真思考，理解题意及要求，再动手操作，做完后要认真检查，防止遗漏和错误。实习用的各种凭证、账簿、报表一律使用统一格式。要在规定的时间内，完成模拟实务训练的全部任务。

（一）熟悉实习企业概况、会计政策及企业内部会计核算方法。

（二）依据实训资料，练习填写空白原始凭证。实训中未给出内容的空白原始凭证，由学生计算填写有关数据。现金支票、转账支票、银行汇票委托书、进账单、收料单等原始凭证，需学会编制。

（三）按照《企业会计准则》设置实习企业会计科目。根据建账资料所提供的期初各账户余额，开设总分类账户、明细分类账户、现金日记账及银行存款日记账。

（四）取得完整、正确的原始凭证后，方可编制记账凭证，同时，应将原始凭证附在记账凭证后面。记账凭证分收款凭证、付款凭证、转账凭证三类，分别编制这三类记账凭证并按顺序编号。货币资金业务之间的划转，只填付款凭证即可。

（五）严格按照《中华人民共和国会计法》、《会计基础工作规范》及有关规定进行会计凭证的填制与审核，并应按规定的方法与程序进行记账、对账和编制会计报表；发现错账，应采用正确的方法进行更正。

（六）年度终了时，应编制会计报表及纳税申报表。熟悉防伪税控系统的工作原理、防伪税控开票子系统、报税流程。

(七)编制财务报表、合并报表,编写财务决算报告、实验报告。

(八)年度终了,所有记账凭证、账簿应按会计档案管理要求进行装订。

(九)数字书写要求

1. 每个数字要大小匀称,笔画流畅,每个数字要写得独立有形,不能连笔书写,要让使用者能看清。

2. 每个数字要紧贴底线书写,且上端不可顶格,其高度约占全格高度的1/2～2/3,要为更正错误数字留有余地。除“6”、“7”、“9”外,其他数字高低要一致。书写数字“6”时,上端比其他数字高出1/4,书写数字“7”和“9”时,下端比其他数字长出1/4。

3. 书写每个数字排列有序,并且数字要有一定倾斜度。各数字的倾斜度要一致,一般要求上端一律向右倾斜45度到60度。

4. 书写数字时,各数字从左至右,笔画顺序是自上而下,先左后右,每个数字大小应一致,数字间应保持同等距离,每个数字上下左右要对齐。在印有数位线的凭证、账簿、报表上,每一格只能填写一个数字,不得几个数字挤在一个格里,更不能在数字中间留有空格。

5. 会计数字的书写必须采用规范的手写体书写,这样才能使会计数字规范、清晰、符合会计工作的要求。

6. 会计工作人员要保持个人的独特字体和书写特色,以防止被别人模仿或涂改。会计数字书写时,除“4”和“5”以外的数字,必须一笔写成,不能人为地增加数字的笔画。

7. 不要把“0”和“6”、“1”和“7”、“3”和“8”、“7”和“9”书写混淆。在书写阿拉伯数字的整数部分时,可以从小数点向左按照“三位一节”的标准用分位点“,”分开或加1/4空格分开。

8. 阿拉伯数字表示的金额为小写金额,书写时,应在数字前加人民币符号“￥”。“￥”是汉语拼音“yuan”第一个字母的缩写变形,它既代表了人民币的币制,又表示人民币“元”的单位。所以,小写金额前填写人民币符号“￥”以后,数字后面可不写“元”字。

需要注意的是:“￥”与数字之间不能留有空格。书写人民币符号时,要注意“￥”与阿拉伯数字的明显区别,不可混淆。在填写会计凭证、登记会计账簿、编制会计报表时,数字必须要按数位填入,并且书写数字要写到“分”位,无小数位时,“角”位和“分”位也应用“0”填满,不能采用划线等方法代替。

(十)中文大写金额的表示方法

中文大写数字笔画多,不易涂改,主要用于填写需要防止涂改的销货发票、银行结算凭证等信用凭证,书写时要准确、清晰、工整、美观,如果写错,要标明“凭证作废”字样,并需要重新填写凭证。

1. 中文大写金额数字写法。中文大写金额分为数字(壹、贰、叁、肆、伍、陆、柒、捌、玖、零)和数位(拾、佰、仟、万、亿、元、角、分)两个部分。中文书写通常采用正楷、行书两种。

会计人员在书写中文大写金额数字时,不能用O(另)、一、二、三、四、五、六、七、八、九等文字代替大写金额数字。

2. 中文大写数字的基本要求如下:

(1)大写金额前若没有印制“人民币”字样的,书写时,应在大写金额前冠以“人民币”

字样。“人民币”与金额首位数字之间不得留有空格，数字之间更不能留存空格，写数字与读数字顺序要一致。

(2)人民币以元为单位时，只要人民币“元”后“分”位没有金额(即无“角”无“分”时，或有“角”无“分”)，应在大写金额后加上“整”字结尾；如果“分”位有金额，在“分”后不必写“整”字。

(3)如果金额数字中间有两个或两个以上“0”字时，可只写一个“零”字。

(4)表示大写金额拾几或拾几万时，在“拾”前必须有数字“壹”字，因为“拾”字代表位数，而不是数字。

(5)大写数字不能乱用简化字，不能写错别字，如“零”不能用“另”代替，“角”不能用“毛”代替等。

(6)中文大写数字不能用中文小写数字代替，更不能与中文小写数字混合使用。

(7)为防止变造票据的出票日期，在填写月、日时，月为“壹”、“贰”和“壹拾”的，日为“壹”至“玖”和“壹拾”、“贰拾”和“叁拾”的，应在其前加“零”；日为“拾壹”至“拾玖”的，应在其前加“壹”。

3.中文大写数字错误的订正方法。中文大写数字写错或发现漏记时，不能对其涂改，也不能用“划线更正法”，必须重新填写凭证。

4.大写金额写法解析。会计人员进行会计事项处理书需写大小写金额时，必须做到大小写金额内容完全一致，书写熟练、流利，准确完成会计核算工作。

第五章

考核项目与评分标准

一、凭证(27分)

(一)是否有未填制的原始凭证;

(二)摘要是否清晰;

(三)错误是否按正确方法更正;

(四)年、月、日及编号是否齐全、连续;

(五)是否说明了附件张数;

(六)同号分页记账凭证是否按 $1/n$,$2/n$,$3/n$,n/n 编号;

(七)"制单"、"记账"、"审核"处是否填写了姓名;

(八)记账后是否有记账符号"√";

(九)明细项目是否齐全、正确;

(十)以上要求,一处不符合扣3分。

二、账簿(33分)

(一)开账不齐、不平;

(二)总账、明细账不符;

(三)上年结转数是否标明"上年结转";

(四)小计、月计、累计是否正确;

(五)余额结计的位置是否正确;

(六)数量金额式账户是否有数量记录;

(七)记账需自然过渡到下一页时是否标明"承前页"字样;

(八)结转下页的格式和内容是否正确;

(九)是否有涂改、挖、擦、刮、补现象;

(十)数字书写不规范,难以辨认;

(十一)账账、账证、账表不符;

(十二)以上要求,一处不符合扣3分。

三、报表(24分)

(一)是否有涂改、刮擦、挖补的数字;
(二)钩稽关系是否正确;
(三)现金流量表的补充资料是否齐全;
(四)调整分录是否正确;
(五)抵消分录是否正确;
(六)合并报表是否编制;
(七)财务分析内容是否齐全;
(八)问题建议是否具体;
(九)以上要求,有一处错误扣3分。

四、会计档案装订(6分)

(一)装订不齐;
(二)装订松散;

五、考勤方面(扣分)

(一)迟到、早退每次扣5分;
(二)旷课每次扣10分;

六、实习报告(10分)

实习报告包括实验目的、实验内容和实验心得。要求其格式规范,文字工整,有实际内容,观点明确,字数不少于3 000字。

附　录

附录一　企业会计准则科目表

顺序号	编号	会计科目名称(特殊企业使用的66个标记＊)
一、资产类		
1	1001	库存现金
2	1002	银行存款
3	1003	存放中央银行款项　＊
4	1011	存放同业　＊
5	1012	其他货币资金
6	1021	结算备付金　＊
7	1031	存出保证金　＊
8	1101	交易性金融资产
9	1111	买入返售金融资产　＊
10	1121	应收票据
11	1122	应收账款
12	1123	预付账款
13	1131	应收股利
14	1132	应收利息
15	1201	应收代位追偿款　＊
16	1211	应收分保账款　＊
17	1212	应收分保合同准备金　＊
18	1221	其他应收款
19	1231	坏账准备
20	1301	贴现资产　＊
21	1302	拆出资金　＊
22	1303	贷款　＊
23	1304	贷款损失准备　＊
24	1311	代理兑付证券　＊
25	1321	代理业务资产
26	1401	材料采购
27	1402	在途物资
28	1403	原材料

（续表）

顺序号	编号	会计科目名称(特殊企业使用的 66 个标记 *)	
29	1404	材料成本差异	
30	1405	库存商品	
31	1406	发出商品	
32	1407	商品进销差价	
33	1408	委托加工物资	
34	1411	周转材料	
35	1421	消耗性生物资产	*
36	1431	贵金属	*
37	1441	抵债资产	*
38	1451	损余物资	*
39	1461	融资租赁资产	*
40	1471	存货跌价准备	
41	1501	持有至到期投资	
42	1502	持有至到期投资减值准备	
43	1503	可供出售金融资产	
44	1511	长期股权投资	
45	1512	长期股权投资减值准备	
46	1521	投资性房地产	
47	1531	长期应收款	
48	1532	未实现融资收益	
49	1541	存出资本保证金	*
50	1601	固定资产	
51	1602	累计折旧	
52	1603	固定资产减值准备	
53	1604	在建工程	
54	1605	工程物资	
55	1606	固定资产清理	
56	1611	未担保余值	*
57	1621	生产性生物资产	*
58	1622	生产性生物资产累计折旧	*
59	1623	公益性生物资产	*
60	1631	油气资产	*

（续表）

顺序号	编号	会计科目名称（特殊企业使用的66个标记*）	
61	1632	累计折耗	*
62	1701	无形资产	
63	1702	累计摊销	
64	1703	无形资产减值准备	
65	1711	商誉	
66	1801	长期待摊费用	
67	1811	递延所得税资产	
68	1821	独立账户资产	*
69	1901	待处理财产损溢	
二、负债类			
70	2001	短期借款	
71	2002	存入保证金	*
72	2003	拆入资金	*
73	2004	向中央银行借款	*
74	2011	吸收存款	*
75	2012	同业存放	*
76	2021	贴现负债	*
77	2101	交易性金融负债	
78	2111	卖出回购金融资产款	*
79	2201	应付票据	
80	2202	应付账款	
81	2203	预收账款	
82	2211	应付职工薪酬	
83	2221	应交税费	
84	2231	应付利息	
85	2232	应付股利	
86	2241	其他应付款	
87	2251	应付保单红利	*
88	2261	应付分保账款	*
89	2311	代理买卖证券款	*
90	2312	代理承销证券款	*
91	2313	代理兑付证券款	*

（续表）

顺序号	编号	会计科目名称（特殊企业使用的66个标记*）	
92	2314	代理业务负债	
93	2401	递延收益	
94	2501	长期借款	
95	2502	应付债券	
96	2601	未到期责任准备金	*
97	2602	保险责任准备金	*
98	2611	保户储金	*
99	2621	独立账户负债	*
100	2701	长期应付款	
101	2702	未确认融资费用	
102	2711	专项应付款	
103	2801	预计负债	
104	2901	递延所得税负债	
三、共同类			
105	3001	清算资金往来	*
106	3002	货币兑换	*
107	3101	衍生工具	
108	3201	套期工具	
109	3202	被套期项目	
四、所有者权益类			
110	4001	实收资本	
111	4002	资本公积	
112	4101	盈余公积	
113	4102	一般风险准备	*
114	4103	本年利润	
115	4104	利润分配	
116	4201	库存股	
五、成本类			
117	5001	生产成本	
118	5101	制造费用	
119	5201	劳务成本	
120	5301	研发支出	

（续表）

顺序号	编号	会计科目名称（特殊企业使用的66个标记 * ）	
121	5401	工程施工	*
122	5402	工程结算	*
123	5403	机械作业	*
六、损益类			
124	6001	主营业务收入	
125	6011	利息收入	*
126	6021	手续费及佣金收入	*
127	6031	保费收入	*
128	6041	租赁收入	*
129	6051	其他业务收入	
130	6061	汇兑损益	*
131	6101	公允价值变动损益	
132	6111	投资收益	
133	6201	摊回保险责任准备金	*
134	6202	摊回赔付支出	*
135	6203	摊回分保费用	*
136	6301	营业外收入	
137	6401	主营业务成本	
138	6402	其他业务成本	
139	6403	营业税金及附加	
140	6411	利息支出	*
141	6421	手续费及佣金支出	*
142	6501	提取未到期责任准备金	*
143	6502	提取保险责任准备金	*
144	6511	赔付支出	*
145	6521	保单红利支出	*
146	6531	退保金	*
147	6541	分出保费	*
148	6542	分保费用	*
149	6601	销售费用	
150	6602	管理费用	
151	6603	财务费用	
152	6604	勘探费用	*
153	6701	资产减值损失	
154	6711	营业外支出	
155	6801	所得税费用	
156	6901	以前年度损益调整	

附录二　小企业会计准则科目表

顺序号	编 号	会计科目名称
一、资产类		
1	1001	库存现金
2	1002	银行存款
3	1012	其他货币资金
4	1101	短期投资
5	1121	应收票据
6	1122	应收账款
7	1123	预付账款
8	1131	应收股利
9	1132	应收利息
10	1221	其他应收款
11	1401	材料采购
12	1402	在途物资
13	1403	原材料
14	1404	材料成本差异
15	1405	库存商品
16	1407	商品进销差价
17	1408	委托加工物资
18	1411	周转材料
19	1421	消耗性生物资产
20	1501	长期债券投资
21	1511	长期股权投资
22	1601	固定资产
23	1602	累计折旧
24	1604	在建工程
25	1605	工程物资
26	1606	固定资产清理
27	1621	生产性生物资产
28	1622	生产性生物资产累计折旧
29	1701	无形资产
30	1702	累计摊销
31	1801	长期待摊费用
32	1901	待处理财产损溢
二、负债类		
33	2001	短期借款

（续表）

顺序号	编 号	会计科目名称
34	2201	应付票据
35	2202	应付账款
36	2203	预收账款
37	2211	应付职工薪酬
38	2221	应交税费
39	2231	应付利息
40	2232	应付利润
41	2241	其他应付款
42	2401	递延收益
43	2501	长期借款
44	2701	长期应付款
三、所有者权益类		
45	3001	实收资本
46	3002	资本公积
47	3101	盈余公积
48	3103	本年利润
49	3104	利润分配
四、成本类		
50	4001	生产成本
51	4101	制造费用
52	4301	研发支出
53	4401	工程施工
54	4403	机械作业
五、损益类		
55	5001	主营业务收入
56	5051	其他业务收入
57	5111	投资收益
58	5301	营业外收入
59	5401	主营业务成本
60	5402	其他业务成本
61	5403	营业税金及附加
62	5601	销售费用
63	5602	管理费用
64	5603	财务费用
65	5711	营业外支出
66	5801	所得税费用

附录三　转账结算方式

根据中国人民银行有关支付结算办法规定，目前企业发生的货币资金收付业务可以采用以下几种方式，通过银行办理转账结算。

（一）银行汇票

银行汇票是汇款人将款项交存当地出票银行，由出票银行签发的，由其在见票时，按照实际结算金额无条件支付给收款人或持票人的票据。银行汇票具有使用灵活、票随人到、兑现性强等特点，适用于先收款后发货或钱货两清的商品交易。单位和个人各种款项结算，均可使用银行汇票。银行汇票可以用于转账，填明"现金"字样的银行汇票也可以用于支取现金。银行汇票的付款期限为自出票日起 1 个月内。超过付款期限提示付款未获付款的，持票人须在票据权利时效内向出票银行作出说明，并提供本人身份证件或单位证明，持银行汇票和解讫通知向出票银行请求付款。

企业支付购货款等款项时，应向出票银行填写"银行汇票申请书"，填明收款人名称、支付金额、申请人、申请日期等事项并签章，签章为其预留银行的印鉴，银行受理银行汇票申请书，收妥款项后签发银行汇票，并用压数机压印出票金额，然后将银行汇票和解讫通知一并交给汇款人。申请人取得银行汇票后即可持银行汇票向填明的收款单位办理结算。银行汇票的收款人可以将银行汇票背书转让给他人。背书转让以不超过出票金额的实际结算金额为限，未填写实际结算金额或实际结算金额超过出票金额的银行汇票不得背书转让。

收款企业在收到付款单位送来的银行汇票时。应在出票金额以内，根据实际需要的款项办理结算，并将实际结算金额和多余金额准确、清晰地填入银行汇票和解讫通知的有关栏内，银行汇票的实际结算金额低于出票金额的，其多余金额由出票银行退交申请人。收款企业还应填写进账单并在汇票背面"持票人向银行提示付款签章"处签章，签章应与预留银行的印鉴相同。然后，将银行汇票和解讫通知、进账单一并交开户银行办理结算。银行审核无误后，办理转账。

（二）银行本票

银行本票是银行签发的，承诺自己在见票时无条件支付确定的金额给收款人或者持票人的票据。银行本票由银行签发并保证兑付，而且见票即付，具有信誉高、支付功能强等特点。用银行本票购买材料物资，销货方可以见票付货，购货方可以凭票提货；债权债务双方可以凭票清偿；收款人将本票交存银行。银行即可为其入账。无论是单位还是个人，在同一票据交换区域支付各种款项时，都可以使用银行本票。

银行本票分定额本票和不定额本票两种。定额本票面值分为 1 000 元、5 000 元、10 000 元和 50 000 元四种。在票面划去"转账"字样的，为现金本票。银行本票的付款期限为自出票日起最长不超过 2 个月，在付款期内银行本票见票即付。超过提示付款期限未获付款的，收款人或持票人在票据权利时效内向出票银行作出说明，并提供本人身份证或单位证明，可持银行本票向银行请求付款。企业支付购货款等款项时，应向银行提交"银行本票申请书"。填明收款人名称、申请人名称、支付金额、申请日期等事项并签章。申请人或收款人为单位的，银行不予签发现金银行本票。出票银行受理"银行本票申请书"后，收妥款项并签发银行本票。不定额银行本票用压数机压印出票金额，出票银行在银行本票上签章后交给申请人。

申请人取得银行本票后，即可向填明的收款单位办理结算。收款单位可以根据需要在票据交换区域内背书转让银行本票。收款企业在收到银行本票时，应该在提示付款时在银行本票背面“持票人向银行提示付款签章”处加盖预留银行印鉴。同时填写进账单，连同银行本票一并交开户银行转账。

（三）商业汇票

商业汇票是出票人签发的，委托付款人在指定日期无条件支付确定的金额给收款人或者持票人的票据。在银行开立存款账户的法人以及其他组织之间须具有真实的交易关系或债权债务关系，才能使用商业汇票。商业汇票的付款期限由交易双方商定，但最长不得超过6个月。商业汇票的提示付款期限为自汇票到期日起10日内。存款人领购商业汇票，必须填写“票据和结算凭证领用单”并加盖预留银行印鉴，存款账户结清时，必须将剩余的空白商业汇票全部交回银行注销。商业汇票可以由付款人签发并承兑，也可以由收款人签发交由付款人承兑。定日付款或者出票后定期付款的商业汇票，持票人应当在汇票到期日前向付款人提示承兑；见票后定期付款的汇票，持票人应当自出票日起1个月内向付款人提示承兑。汇票未按规定期限提示承兑的，持票人丧失对其前手的追索权。付款人应当自收到提示承兑的汇票之日起3日内承兑或者拒绝承兑。付款人拒绝承兑的，必须出具拒绝承兑的证明。按承兑人的不同，商业汇票分为商业承兑汇票和银行承兑汇票。

采用商业汇票结算方式，可以使企业之间的债权债务关系表现为外在的票据，使商业信用票据化，加强约束力，有利于维护和发展社会主义市场经济。对于购货企业来说，由于可以延期付款，可以在资金暂时不足的情况下及时购进材料物资，保证生产经营顺利进行。对于销货企业来说，可以疏通商品销售渠道，扩大销售，促进生产。汇票经过承兑，信用较高，可以按期收回货款，防止拖欠。在急需资金时，持票人还可以向银行申请贴现融通资金的形式比较灵活。销货企业应根据购货企业的资金和信用情况不同，选用商业承兑汇票或银行承兑汇票；购货企业应加强资金的计划管理，调度好货币资金，在汇票到期以前，将票款送存开户银行，保证按期承付。

（四）支票

支票是单位或个人签发的，委托办理支票存款业务的银行在见票时无条件支付确定的金额给收款人或者持票人的票据。支票结算方式是同城结算中应用比较广泛的一种结算方式。单位和个人在同一票据交换区域的各种款项结算，均可以使用支票。支票由银行统一印制。

支票上印有“现金”字样的为现金支票。支票上印有“转账”字样的为转账支票，转账支票只能用于转账。未印有“现金”或“转账”字样的为普通支票，普通支票可以用于支取现金，也可以用于转账。在普通支票左上角划两条平行线的，为划线支票，划线支票只能用于转账，不得支取现金。支票的提示付款期限为自出票日起10日内，中国人民银行另有规定的除外。超过提示付款期限的，持票人开户银行不予受理，付款人不予付款。转账支票可以根据需要在票据交换区域内背书转让。存款人领购支票，必须填写“票据和结算凭证领用单”并加盖预留银行印鉴。存款账户结清时，必须将剩余的空白支票全部交回银行注销。企业财会部门在签发支票之前，出纳人员应该认真查明银行存款的账面结余数额，防止签发超过存款余额的空头支票。签发空头支票。银行除退票外，还会按票面金额处以 5%但不低于 1 000 元的罚款。持票人有权要求出票人赔偿支票金额 2%的赔偿金。出票人签发支票时，应使用蓝黑墨水或碳素墨水笔书写，支票上的各要素应填写齐全，并在支票上加盖其预留银行印鉴。出票人预留银行的印鉴是银行审核支票付款的依据。银行也可以与出票人约定使用支付密码，作为银行审核支付支票金额的条件。

（五）信用卡

信用卡是指商业银行向个人和单位发行的，凭其向特约单位购物、消费和向银行存取现金，且具有消费信用的特制载体卡片。信用卡按使用对象分为单位卡和个人卡；按信誉等级分为金卡和普通卡。

凡在中国境内金融机构开立基本存款账户的单位可申领单位卡。单位卡可申领若干张，持卡人资格由申领单位法定代表人或其委托的代理人书面指定和注销，持卡人不得出租或转借信用卡。单位卡账户的资金一律从其基本存款账户转账存入，在使用过程中，需要向其账户续存资金的，也一律从其基本存款账户转账存入，不得交存现金，不得将销货收入的款项存入其账户。单位卡一律不得用于 10 万元以上的商品交易、劳务供应款项的结算，也不得支取现金。信用卡在规定的限额和期限内允许善意透支。透支期限最长为 60 天。透支利息，自签单日或银行记账日起 15 日内按日息万分之五计算，超过 15 日按日息万分之十计算，超过 30 日或透支金额超过规定限额的，按日息万分之十五计算。透支计算不分段，按最后期限或者最高透支额的最高利率档次计息。超过规定限额或规定期限，并且经发卡银行催收无效的透支行为称为恶意透支。持卡人使用信用卡不得发生恶意透支。严禁将单位的款项存入个人卡账户中。单位或个人申请信用卡，应按规定填制申请表。连同有关资料一并送交发卡银行。符合条件并按银行要求交存一定金额的备用金后，银行为申领人开立信用卡存款账户，并发给信用卡。

（六）汇兑

汇兑是汇款人委托银行将其款项支付给收款人的结算方式。单位和个人的各种款项的结算，均可使用汇兑结算方式。

汇兑分为信汇、电汇两种。信汇是指汇款人委托银行通过邮寄方式将款项划转给收款人。电汇是指汇款人委托银行通过电报将款项划给收款人。

（七）委托收款

委托收款是收款人委托银行向付款人收取款项的结算方式。委托收款在同城、异地均可以办理，不受金额起点限制。它分为邮寄和电报划回两种，由收款人选择。委托收款适用于收取电话费、电费等付款人众多、分散的公用事业费等有关款项的收取。

企业委托银行收款时，应填写银行印制的委托收款凭证和有关债务证明。银行受理后，将有关委托收款凭证寄交付款单位开户银行，并由付款单位开户银行通知付款单位，付款单位应在 3 日内审核，然后通知银行付款或出具拒付理由书通知开户银行拒付。

（八）托收承付

托收承付是根据购销合同由收款人发货后委托银行向异地付款人收取款项、由付款人向银行承认付款的结算方式。使用托收承付结算方式的收款单位和付款单位必须是国有企业、供销合作社以及经营管理较好，并经开户银行审查同意的城乡集体所有制工业企业。办理托收承付结算的款项，必须是商品交易，以及因商品交易而产生的劳务供应的款项。代销、寄销、赊销商品的款项，不得办理托收承付结算。托收承付款项划回方式分为邮寄和电报两种，由收款人根据需要选择使用。收款单位办理托收承付，必须具有商品发出的证件或其他证明。托收承付结算每笔的金额起点为 10 000 元，新华书店系统每笔金额起点为 1 000 元。采用托收承付结算方式时，购销双方必须签订符合《中华人民共和国合同法》的购销合同，并在合同上写明使用托收承付结算方式。销货企业按照购销合同发货后，填写托收承付凭证，盖章后连同发运证件（包括铁路、航运、公路等运输部门签发运单、运单副本和邮局包裹回执）或其他符合托收承付结算的有关证明和交易单证送交开户银行办理托收手续。销货企业开户银行接受委托后，将托收结算凭证回联退给企业，作为企业进行账务处理的依据，并将其他结算凭证寄往购货单位开户银行，由购货单位开户银行通知购货单位承认付款。购货企业收到托收承付结算凭证和所附单据后，应立即审核是否符合订货合同的规定。按照《支付结算办法》的规定，承付货款分为验单付款与验货付款两种，这在双方签订合同时约定。购货企业在承付期内，未向银行表示拒绝付款，银行即视作承付，并在承付期满的次日（法定休假日顺延）上午银行开始营业时，将款项划给收款人。

购货企业提出拒绝付款时，必须填写"拒绝付款理由书"，注明拒绝付款理由，涉及合同的应引证合同上的有关条款。如果属于商品质量问题，需要提供质量问题的证明及其有关数据的记录；如果属于外贸部门进口商品，应当提供国家商品检验或运输等部门出具的证明，向开户银行办理拒付手续。银行同意部分或全部拒绝付款的，应在拒绝付款理由书上签注意见，并将拒绝付款理由书、拒付证明、拒付商品清单和有关单证邮寄收款人开户银行转交销货企业。

付款人开户银行对付款人逾期支付的款项，根据逾期付款金额和逾期天数，按每天万分之五的利率计算逾期付款赔偿金。逾期付款天数从承付期满日算起。银行审查拒绝付款期间不算作付款人逾期付款，但对无理由拒绝付款而增加银行审查时间的，从承付期满日起计算逾期付款赔偿金。赔偿金实行定期扣付，每月计算一次，于次月 3 日内单独划给收款人。赔偿金的扣付列为企业销货收入扣款顺序的首位。付款人账户余额不足支付时，应排列在工资之前，并对该账户采取"只收不付"的控制办法，直至足额扣付赔偿金后才准予办理其他款项的支付，由此产生的经济后果由付款人自负。

(九)信用证

信用证结算是国际结算的一种主要方式。经中国人民银行批准经营结算业务的商业银行总行以及经商业银行总行批准开办信用证结算业务的分支机构，均可以办理国内企业之间商品交易的信用证结算业务。采用信用证结算方式的收款单位收到信用证后应立即备货装运，签发有关发票账单，连同运输单据和信用证，送交银行，根据退还的信用证等有关凭证编制收款凭证；付款单位在接到开证行的通知时，根据付款的有关单据编制付款凭证。

(十)网上银行

网上银行又称网络银行、在线银行，是指银行利用 Internet 技术，通过 Internet 向客户提供开户、销户、查询、对账、行内转账、跨行转账、信贷、网上证券、投资理财等传统服务项目，使客户可以足不出户就能够安全便捷地管理活期和定期存款、支票、信用卡及个人投资等。可以说，网上银行是在 Internet 上的虚拟银行柜台。网上银行又被称为"3A 银行"，因为它不受时间、空间限制，能够在任何时间（Anytime）、任何地点（Anywhere）、以任何方式（Anyway）为客户提供金融服务。